Astrid Pankonin

Nutzen und Gefahren von Handys für Schülerinnen und Schüler mit dem Förderschwerpunkt geistige Entwicklung

GRIN - Verlag für akademische Texte

Der GRIN Verlag mit Sitz in München und Ravensburg hat sich seit der Gründung im Jahr 1998 auf die Veröffentlichung akademischer Texte spezialisiert.

Die Verlagswebseite http://www.grin.com/ ist für Studenten, Hochschullehrer und andere Akademiker die ideale Plattform, ihre Fachaufsätze und Studien-, Seminar-, Diplom- oder Doktorarbeiten einem breiten Publikum zu präsentieren.

Dokument Nr. V86480 aus dem GRIN Verlagsprogramm

Astrid Pankonin

Nutzen und Gefahren von Handys für Schülerinnen und Schüler mit dem Förderschwerpunkt geistige Entwicklung

GRIN Verlag

Bibliografische Information Der Deutschen Bibliothek: Die Deutsche
Bibliothek verzeichnet diese Publikation in der Deutschen Nationalbibliogra-
fie; detaillierte bibliografische Daten sind im Internet über http://dnb.ddb.de/
abrufbar.

1. Auflage 2007
Copyright © 2007 GRIN Verlag
http://www.grin.com/
Druck und Bindung: Books on Demand GmbH, Norderstedt Germany
ISBN 978-3-638-91145-0

Schriftliche Hausarbeit

zur Ersten Staatsprüfung für die Laufbahn der Sonderschullehrerinnen und

Sonderschullehrer in Schleswig-Holstein

Nutzen und Gefahren von Handys für Schülerinnen und

Schüler mit dem Förderschwerpunkt geistige Entwicklung

24. Oktober 2007

Dem Prüfungsamt vorgelegt

von stud. paed.

Astrid Pankonin

Inhaltsverzeichnis

1. Einleitung

Wir leben in einer medialisierten Welt, in der die Medienpräsenz stetig zunimmt. Jeder von uns ist nutzt die Medien auf unterschiedliche Weise und misst ihnen eine individuelle Bedeutung zu. Im Leben von Kindern und Jugendlichen nehmen Medien schon früh einen hohen Stellenwert ein (vgl. SIX, GIMMLER & VOGEL 2000, 8). Die Palette der Medien umfasst Bücher, Zeitungen, Zeitschriften, Radio, Fernsehen, Film, Ton- und Bildträger verschiedener Art sowie Computer und Mobilkommunikation (vgl. TULODZIECKI 2000, 17). Das Handy stellt für die meisten Kinder und Jugendlichen dabei mehr als nur ein tragbares Telefon dar – es ist ein interaktives, digitales Mehrzweck-Medium, das für Kommunikation und Transaktion sowie für Information, Lernen und Unterhaltung genutzt werden kann. Das Mobiltelefon ist das erste Computermedium, das unter Kindern und Jugendlichen sehr große Verbreitung gefunden hat. Sie verfügen größtenteils über eigene Geräte, die sie selbstständig für den Austausch von SMS (vgl. Punkt 10), für Telefonate, für das Fotografieren sowie für das Herunterladen von Klingeltönen und Logos oder für Spiele nutzen. Die Mobilfunktechnologie hat die Medienumwelt der heutigen Kinder und Jugendlichen vollkommen verändert (vgl. DÖRING 2006, 45). Aufgrund dessen ist es wichtig, das Handy als kind- und jugendrelevantes Medium ernst zu nehmen und zu thematisieren (vgl. ANFANG, DEMMLER, ERTELT & SCHMIDT 2006, 7).

Hinsichtlich des sich noch im Wachstum befindenden Themenkomplexes ‚Handy', kann bisher auf wenig Literatur zurückgegriffen werden, weshalb viele der Informationen dieser Arbeit auf zahlreichen Informationsbroschüren beruhen, die von unterschiedlichen Institutionen zur Verfügung gestellt werden. Dabei wird der Bedeutungsaspekt von Mobiltelefonen für Kinder und Jugendliche ohne geistige Behinderung aufgegriffen. Die Bedeutung für Kinder und Jugendliche mit dem Förderschwerpunkt Geistige Entwicklung wird jedoch vernachlässigt, obwohl ihr Umfeld ebenso von Medien geprägt ist und sie sich mit ihnen auseinander setzen müssen. Es werden Fragen aufgeworfen wie z.B. ‚Welche Rolle spielt hierbei das Handy?' ‚Wird es von Heranwachsenden mit geistiger Behinderung nicht genutzt oder ist ihnen eine Nutzung überhaupt möglich?'

Obwohl mein eigenes Interesse an dem Medium Handy nicht sehr groß ist, entdeckte ich nicht nur den Missstand der Forschung hinsichtlich Menschen mit geistiger Behinderung, sondern auch die fehlende Berücksichtigung der Einsatzmöglichkeit von Handys im schulischen Feld. Obgleich die Schule den Lebensweltbezug und die Schülerorientierung berücksichtigen soll (vgl. LEHRPLAN SONDER-PÄDAGOGISCHE FÖRDERUNG 2002, 13), wird das für Kinder und Jugendliche so bedeutsam gewordene Medium Handy meiner Erfahrung nach nicht aufgegriffen. Daher wurde es Gegenstand der vorliegenden Arbeit, die folgende Fragestellungen beantworten soll:

1. Welche Vor- und Nachteile bietet das Handy einem Schüler[1] mit dem Förderschwerpunkt Geistige Entwicklung?
2. Inwiefern ist das Handy ein Thema an einer Schule für Geistigbehinderte und wie könnte ein Trainingskurs zum Thema Handy aussehen?
3. Wie muss ein Handy beschaffen sein, damit ein Schüler mit dem Förderschwerpunkt Geistige Entwicklung damit zurechtkommt?

Die Beantwortung dieser Fragen soll anhand theoretischer Ausführungen, einer qualitativen Untersuchung und der anschließenden Auswertung geschehen.

Die vorliegende Arbeit fällt in den Bereich der Pädagogik für Menschen mit geistiger Behinderung, so dass in Kapitel 2 der Personenkreis näher beschrieben wird. Es folgt eine Darstellung wichtiger Begrifflichkeiten bezüglich Medien sowie die Schilderung des medialen Einflusses in Kapitel 3. Der thematische Schwerpunkt wird in Kapitel 4 anhand einer Begriffsbestimmung und einer Darstellung des sich stetig weiterentwickelnden Mobilfunkmarktes vorgestellt. Weiterhin wird auf verschiedene Ausstattungen und Funktionen von Handys eingegangen, die zudem unter dem Aspekt ‚Handys für Menschen mit geistiger Behinderung' beleuchtet werden. Ferner werden in Kapitel 4 statistische Werte zur Handynutzung von Kindern und Jugendlichen aufgezeigt, die abschließend mit den Auswertungen der qualitativen Untersuchung (Kapitel 6) verglichen werden. Ebenso werden in Kapitel 4 die Bedeutungen von Handys für Kinder und Jugendliche und für Menschen mit geistiger Behinderung gegenübergestellt. In Kapitel 5 folgt die Auseinandersetzung des Handys als Unterrichtsgegenstand an einer Schule für Geistigbehinderte. Dabei wird der Lehrplan berücksichtigt und zudem eigens entwickelte Kriterien für das Üben des Umgangs mit Handys aufgestellt. Abschließend werden in Kapitel 5

---

[1] In der vorliegenden Arbeit benutze ich bei Personenbezeichnungen grundsätzlich die männliche Form, damit der Text flüssiger zu lesen ist. Hiermit sind sowohl Frauen als auch Männer bzw. Mädchen und Jungen gleichermaßen gemeint.

Unterrichtsvorschläge für einen Trainingskurs in der Schule mit dem Förderschwerpunkt Geistige Entwicklung dargelegt.

Diese theoretischen Ausführungen stellen die Grundlage für die in Kapitel 6 dargestellte qualitative Untersuchung dar. Nach der Beleuchtung und Begründung der Untersuchungsmethode erfolgen die Beschreibung der Vorgehensweise und die Auswertung der ermittelten Informationen.

Die Schlussbemerkung greift die Frage nach dem Nutzen und den Gefahren von Handys für Schüler mit dem Förderschwerpunkt Geistige Entwicklung wieder auf.

2. Personenkreis

Der Nutzen und die Gefahren von Handys für Schülerinnen und Schüler mit geistiger Behinderung stehen im Mittelpunkt dieser Arbeit, so dass der Personenkreis zunächst näher beschrieben wird.

2.1 Der Begriff ‚geistige Behinderung'

Es gibt in der Literatur ein breites Spektrum verschiedener Definitionen, Theorien und Ansätze, die den eigentlich geläufigen Begriff „geistige Behinderung" zu erklären versuchen. Dieser Begriff ist sehr heterogen und vielschichtig geprägt, daher ist es schwierig, eine einzelne Definition zu finden, die diese Komplexität treffend beschreibt. THEUNISSEN (2005) zitiert PETZOLD (1994, 228), „dass geistige Behinderung als „eine komplexe Beeinträchtigung der Persönlichkeit eines Menschen in seinem Umfeld mit variierenden Einschränkungen auf der motorischen, sensorischen, emotionalen, sozialen und kognitiven Ebene" verstanden werden kann, die in pädagogischer Hinsicht einen speziellen (besonderen) Erziehungs- und Lernbedarf notwendig werden lässt" (THEUNISSEN 2005, 28). Der DEUTSCHE BILDUNGSRAT legte 1974 eine Definition als Beschreibungsversuch von geistiger Behinderung vor: „Als geistig behindert gilt wer … in seiner psychischen Gesamtentwicklung und seiner Lernfähigkeit so sehr beeinträchtigt ist, dass er voraussichtlich lebenslanger, sozialer und pädagogischer Hilfen bedarf. Mit den kognitiven Beeinträchtigungen gehen solcher der sprachlichen, sozialen, emotionalen und der motorischen Entwicklung einher" (THEUNISSEN 2005, 28). In dieser zwar schon älteren Definition wird geistige Behinderung als eine vielschichtige Erscheinung verstanden, die Beeinträchtigungen in verschiedenen Bereichen sowie eine lebenslangen Hilfebedarf mit sich bringt. Allerdings hebt sie nach GOLL (1994) die „vermeintliche Inkompetenz des Lernenden" nicht grundsätzlich auf (THEUNISSEN 2005, 29). Es ist wichtig, im Hinblick auf eine Definition des Begriffs „geistige Behinderung" die defizitäre Sichtweise abzulegen und sich den Ressourcen zu widmen. SPECK (2005) betont, dass die Bezeichnung „geistige Behinderung" ein Defizit ausdrückt, das zudem gesellschaftlich als „eine intellektuelle Unzulänglichkeit" (SPECK 2005, 47) stigmatisiert wird. Diese tritt in den Vordergrund und wird bestimmend für den gesamten Menschen (vgl. SPECK 2005, 47). Der LEHRPLAN SONDERPÄDAGOGISCHE FÖRDERUNG (2002) legt seinen Blick auf eine kompetenzorientierte Definition: „Schülerinnen und Schüler mit besonderen Förderbedürfnissen im Bereich ihrer geistigen Entwicklung haben sich mit einem unterschiedlichen Maß an intra- und interpsychischen Erschwernissen in der Lebensgestaltung und Lebensbewältigung auseinander zu setzen" (LEHRPLAN SONDERPÄDAGOGISCHE FÖRDERUNG 2002, 104). Dabei bringen die unterschiedlichen Erscheinungsbilder von Menschen mit geistiger Behinderung verschiedene Besonderheiten mit sich. Diese lassen sich nicht in einem bestimmten Entwicklungsraster einordnen, sondern müssen individuell betrachtet werden (vgl. EMPFEHLUNG DER KULTUSMINISTERKONFERENZ 1998, 4).

In Anlehnung an den ENTWURF DER KULTUSMINISTERKONFERENZ (2002) ist eine genetische Veränderung als Ursache für eine geistige Behinderung zu sehen. Die Entstehung derer geht auf chronische, organische oder fortschreitende Krankheiten, Unfälle oder traumatische Einwirkungen zurück. „In ihrer Folge können neben Beeinträchtigungen der geistigen Entwicklung u. a. Sinnesschädigungen, Erziehungsschwierigkeiten, Anfallsleiden oder psychische Störungen auftreten" (ENTWURF DER KULTUSMINISTERKONFERENZ 2002, 3). Die Schädigungen und deren Ergebnisse beeinflussen sich gegenseitig und so kann die Beeinträchtigung Auswirkungen auf folgende Bereiche haben:

> ➢ das situations-, sach- und sinnbezogene Lernen
> ➢ die selbstständige Aufgabengliederung, die Planungsfähigkeit und den Handlungsvollzug
> ➢ das persönliche Lerntempo sowie die Durchhaltefähigkeit im Lernprozess
> ➢ die individuelle Gedächtnisleistung
> ➢ die kommunikative Aufnahme-, Verarbeitungs- und Darstellungsfähigkeit
> ➢ die Fähigkeit, sich auf wechselnde Anforderungen einzustellen
> ➢ die Übernahme von Handlungsmustern
> ➢ die Selbstständigkeit bei der Gestaltung des Alltags
> ➢ die Selbstbehauptung und Selbstkontrolle
> ➢ die Selbsteinschätzung und das Zutrauen
> (vgl. LEHRPLAN SONDERPÄDAGOGISCHE FÖRDERUNG 2002, 105)

Dabei ist es wichtig zu beachten, dass diese Auswirkungen keineswegs statisch, sondern veränderbar sind (vgl. EMPFEHLUNGEN DER KULTUS-MINISTERKONFERENZ 1998, 4).

Besondere Berücksichtigung für die Thematik des Handys und dessen Gebrauch erhalten die Aspekte des situations-, sach- und sinnbezogenen Lernens sowie die individuelle Gedächtnisleistung. Weiterhin finden hinsichtlich dieser Thematik die Gesichtspunkte der Übernahme von Handlungsmustern sowie der Fähigkeit, sich auf wechselnde Anforderungen einzustellen Beachtung.

Ein wichtiges Leitsymptom der Beeinträchtigung der geistigen Entwicklung ist der Intelligenzbegriff. Dieser gibt keine Auskünfte über Lernbesonderheiten, aber MÜHL (2006) erläutert, dass „[sich] geistige Behinderung zunächst in einer Retardierung der kognitiven Entwicklung [zeigt]" (MÜHL 2006, 131). In der Definition von geistiger Behinderung von HEINZ BACH (1976) wird neben dem Intelligenzquotienten auch das individuelle Lernverhalten zugrunde gelegt: „Als geistigbehindert gelten Personen, deren Lernverhalten wesentlich hinter der auf das Lebensalter bezogenen Erwartung zurückbleibt und durch ein dauerndes Vorherrschen des anschauend-vollziehenden Aufnehmens, Verarbeitens und Speicherns von Lerninhalten und eine Konzentration des Lernfeldes auf direkte Bedürfnisbefriedigung gekennzeichnet ist, was sich in der Regel bei einem Intelligenzquotienten von unter 55/60 findet" (BACH 1976, 92). Die Sichtweise auf die Intelligenz wird unter der Berücksichtigung des Lernverhaltens eingeschränkt. Dabei ist sie ein wesentliches Merkmal, um unterschiedliche Schweregrade von Behinderung darzustellen. International weit verbreitet ist die u. a. bei THEUNISSEN (2005) zu findende Einteilung in vier verschiedene Schweregrade:

1. leichte geistige Behinderung   (IQ 50/55 – 70)
2. mäßige/mittelschwere geistige Behinderung   (IQ 35/40 – 50/55)
3. schwere geistige Behinderung   (IQ 15/20 – 35/40)
4. schwerste geistige Behinderung   (<IQ 15/20)

(vgl. THEUNISSEN 2005, 22)

Diese Einteilung orientiert sich stark an der Unterteilung der vier Stufen der „Mental Retardation" der ICD-10 (International Classification of Diseases) (vgl. MEYER 2000, 65).

2.2 Kinder und Jugendliche mit dem Förderschwerpunkt Geistige Entwicklung

Um die für diese Arbeit relevante Zielgruppe einzugrenzen, werden im Folgenden Kinder und Jugendliche mit dem Förderschwerpunkt Geistige Entwicklung beschrieben.

Kinder und Jugendliche mit dem Förderschwerpunkt Geistige Entwicklung zeigen in den verschiedenen Entwicklungsbereichen unterschiedliche Erscheinungsbilder. Sie benötigen individuelle Hilfen bei der Entwicklung von Wahrnehmung, Sprache, Denken und Handeln sowie Unterstützungen bei der selbstständigen Lebensführung und bei der Persönlichkeitsfindung und –entfaltung. Das aktuelle Erscheinungsbild von Kindern und Jugendlichen mit geistiger Behinderung ist nicht statisch, d. h. ihre Auswirkungen sind durch Erziehung und Unterricht beeinflussbar (vgl. EMPFEHLUNGEN DER KULTUSMINISTERKONFERENZ 1998, 4). Es ist wichtig, den Menschen selbst mit seinen Bedürfnissen und Besonderheiten in den Mittelpunkt des Interesses zu stellen. Dabei ist die Aufgabe, an der individuellen Ausgangslage des einzelnen Kindes und Jugendlichen anzuknüpfen und den persönlichen Entwicklungsgegebenheiten zu entsprechen. Aufgrund der verschiedenartig ausgeprägten Beeinträchtigung bei den einzelnen Kindern und Jugendlichen verläuft deren Entwicklung innerhalb eines allgemeinen Rahmens uneinheitlich (vgl. Punkt 2.1) und daher muss die sonderpädagogische Förderung individuell auf den Menschen abgestimmt werden (vgl. EMPFEHLUNGEN DER KULTUS-MINISTERKONFERENZ 1998, 4). Die sonderpädagogische Förderung hat nach Aussagen des ENTWURFS DER KULTUSMINISTERKONFERENZ (2002) die Aufgabe, „Schülerinnen und Schülern umfassende Anreize für ihre geistige Entwicklung mit dem Ziel zu geben, Kompetenzen für ein selbstbestimmtes Leben zu entwickeln und zu erweitern" (ENTWURF DER KULTUSMINISTERKONFERENZ 2002, 1). Im Rahmen der sonderpädagogischen Förderung werden die Kinder und Jugendlichen mit einem Förderschwerpunkt Geistige Entwicklung durch schulische Arbeit darin unterstützt und begleitet, durch individuelle Hilfen ein möglichst hohes Maß an schulischer und beruflicher Eingliederung, gesellschaftlicher Teilhabe und selbstständiger Lebensgestaltung zu ermöglichen (vgl. LEHRPLAN SONDER-PÄDAGOGISCHE FÖRDERUNG 2002, 2). „Die Umsetzung der sonderpädagogischen Förderung erfolgt in der Regel durch das jeweils zuständige Förderzentrum in enger Kooperation mit allen am Bildungs- und Erziehungsprozess beteiligten Personen an Sonderschulen oder im Gemeinsamen Unterricht" (LEHRPLAN SONDERPÄDAGOGISCHE FÖRDERUNG 2002, 4). Die Schule für Geistigbehinderte bzw. das Förderzentrum für Menschen mit dem Förderschwerpunkt Geistige Entwicklung unterscheidet sich in ihrem Aufbau von anderen Schulformen (vgl. FORNEFELD 2004, 105). Die Schulstufen sind organisiert in Vorstufe, Unterstufe, Mittelstufe, Oberstufe und Berufsbildungsstufe. „Innerhalb der Stufen werden jahrgangsübergreifende Klassen gebildet" (ENTWURF DER KULTUSMINISTERKONFERENZ 2002, 14). Im Rahmen der Themenstellung dieser Arbeit werden die Schüler der Mittel-, Ober- und Berufsbildungsstufe Berücksichtigung finden, weil sie mit dem Alter zwischen 11 und 18 Jahren zu den typischen Altersgruppen der kind- und jugendlichen Handynutzer zählen (vgl. Punkt 4.4). Im Rahmen der Untersuchung ist es wichtig zu erwähnen, dass die berücksichtigten Kinder und Jugendlichen mit dem Förderbedarf Geistige Entwicklung bereits teilweise die Pubertät erreicht haben, was zusätzlich zur Heterogenität der Zielgruppe Schwierigkeiten ergeben könnte.

2.3 Erweiterter Lese- und Schreibbegriff

Eine wesentliche Grundlage für den Gebrauch der von den meisten Kindern und Jugendlichen genutzten Handyfunktion (vgl. Punkt 4.4.2), dem Empfangen und Versenden von SMS, ist das Lesen und Schreiben. An den meisten Schulen mit dem Förderschwerpunkt Geistige Entwicklung kommt dem Erlernen dieser Kulturtechniken eine besondere Bedeutung im Hinblick auf eine selbstbestimmte Lebensführung und dem Ziel der Selbstverwirklichung in sozialer Integration zu (vgl. SCHURAD et al. 2004, 14). Ein wichtiger Ausgangspunkt ist dabei der erweiterte Lese- und Schreibbegriff. Diese geht davon aus, dass Lesen und Schreiben auf verschiedenen Abstraktionsstufen gelernt wird. Auf diese Weise ist es in einer Schule mit dem Förderschwerpunkt Geistige Entwicklung möglich, allen Schülern in einem differenzierten Unterricht die Teilhabe am Lese- und Schreiblernprozess zu ermöglichen.
Lesen und Schreiben werden als Formen der Kommunikation verstanden. Die gesprochene Sprache stellt gemeinsam mit den nonverbalen Möglichkeiten der Mimik, Gestik, Gebärden usw. das primäre System der Kommunikation dar. Den

sekundären Bereich der Kommunikation bildet die Verständigung über graphische Zeichen, die in der Öffentlichkeit immer mehr an Bedeutung zugenommen hat: Es begegnen uns im Straßenverkehr, am Bahnhof, in Kaufhäuser usw. eine Vielzahl von Zeichen, Symbolen und Signalen, die alle einen kommunikativen Charakter aufweisen. Weiterhin finden wir immer mehr Signal-Wörter, die uns bei der Orientierung in der Öffentlichkeit helfen sollen (wie z.b. Stopp- oder Notausgangschilder usw.), deren Bedeutungserschließung das Lesen sowie das Erkennen von konkreten, bildhaften, piktographischen und abstrakten Zeichen und Signalen voraussetzt. Die Handlungskompetenz der Schüler wird erweitert und die Selbständigkeit in der Umwelt vergrößert, wenn sie in der Lage sind, diese Zeichen zu entdecken, interpretieren und umzusetzen (vgl. MICHAELIS-MEIER 2005) Die RICHTLINIEN DER SONDERSCHULE FÜR GEISTIGBEHINDERTE FÜR NORDRHEIN-WESTFALEN (1980) untermauern dies, indem sie darstellen, dass „der Schüler (…) lernen [soll], Bilder und Bilderreihen zu verstehen, sich mit Hilfe von Bildzeichen, Farbsignalen, Pfeilen, Ziffern, Wörtern und einfachen Sätzen in der Umwelt zurechtzufinden. Lesen bedeutet demnach nicht nur die Sinnentnahme aus der Buchstabenschrift, sondern auch Deuten und Verstehen bildhafter Darstellungen und symbolischer Zeichen und Signale" (SCHURAD et al 2004, 15).

Auch das Schreiben hat in der heutigen Welt einen hohen Stellenwert. Beim Schreiben werden graphische Zeichen (dazu zählen neben Buchstaben auch Kritzeleien und Bilder), zu Papier gebracht, die für den Schreiber große Bedeutung haben und einen Sinn ergeben, der an andere weitervermittelt wird (vgl. MICHAELIS-MEIER 2005). In den RICHTLINIEN DER SONDERSCHULE FÜR GEISTIG-BEHINDERTE FÜR NORDRHEIN-WESTFALEN (1980) ist aufgeführt, dass die Schüler lernen sollen „sprachliche Inhalte in Form von Bildern, Bildzeichen, Symbolen, Wörtern und einfachen Sätzen schriftlich darzustellen" (SCHURAD et al 2004, 14).

Nach Aussagen von STAUBENAU (2004) sollen die Schüler im Sinne des erweiterten Lesebegriffes auf fünf unterschiedlichen, aber aufeinander aufbauenden Leseniveaustufen gefördert werden (vgl. SCHURAD et al 2004, 74). Dabei erfolgt der Leselernaufbau „durch die Stufung von Zeichensystemen, die vom Bild als konkretem Zeichensystem ausgehen und bis zur Schrift als abstraktem Zeichensystem gelangen" (SCHURAD et al 2004, 74). Die Leseniveaustufen sind wie folgt definiert:

1. Das Bilderlesen (konkrete Abbildungen von Menschen, Tieren, Gegenständen und Situationen als Abbilder der Wirklichkeit erkennen, verstehen und ggf. in Handlungen umsetzen)
2. Das Bildzeichen- bzw. Piktogrammlesen (Bildzeichen und Piktogramme als Teilabbilder und Informationsträger erkennen und diese als Orientierungs- und Handlungshilfen einsetzen)
3. Das Signalwortlesen (Buchstaben- oder Ziffernkombinationen ganzheitlich erfassen und deren Bedeutung assoziieren)
4. Das Wortgestaltlesen (Wörter ganzheitlich erfassen, die Wortgestalt, also Ober- und Unterlängen von Buchstaben sowie die Anordnung, tritt in den Vordergrund)
5. Das Schriftlesen (selbständiges Lesen von Wörtern und Texten, Auseinandersetzung mit Buchstaben und Buchstabenkombinationen steht im Vordergrund)

(vgl. SCHURAD et al 2004, 74ff)

Im Curriculum von SCHURAD et al (2004) wird das Situationslesen ausgegrenzt, das nach MICHAELIS-MEIER (2005) als Deuten von konkreten Situationen, deren Sinn- und Bedeutungsträger die handelnde Person ist, definiert wird (vgl. MICHAELIS-MEIER 2005). Das Situationslesen bildet einen umfassenden Lernbereich, der als Vorstufe zum Lesen und Schreiben aufgefasst wird. Die Ausgrenzung von SCHURAD et al (2004) resultiert aus der Unklarheit, den der Begriff ‚Situationslesen' mit sich bringt. SCHURAD et al (2004) setzen die kognitiven Leistungen, die für eine Orientierung in unterschiedlichen, wiederkehrenden Situationen grundlegend sind, mit der Bezeichnung ‚Situationslesen' gleich und bezeichnen sie daher nicht als Lesetätigkeit. Diese kognitiven Leistungen sind notwendige Voraussetzungen für das Lesen, werden aber nicht zu den Leseniveaustufen gezählt (vgl. SCHURAD et al 2004, S.62ff).

Der erweiterte Schreibbegriff unterteilt sich ebenfalls in verschiedene Niveaustufen, die aufeinander aufbauend durchlaufen werden. Die Formen des erweiterten Schreibbegriffs sind:

1. Kritzelstadium (erste Versuche, mit Stift und Papier umzugehen, läuft stark prozessorientiert, also ohne zeichnerisches Ziel, ab)
2. Schemazeichnen (graphische Grundformen gezielt zu Papier bringen, erste Bedeutungen fixieren und die Bilder haben eine kommunikative Funktion)

3. erste Buchstabenschrift (einzelne Buchstaben in Wörtern wahrnehmen, die Symbolbedeutung erkennen, wobei der eigene Name wichtig ist)

4. Lautschrift (Bedeutung von Buchstaben als Fixierung von Lauten erkennen, erstes Schreiben lautgetreuer Wörter)

(vgl. MICHALIS-MEIER 2005)

Aufgrund der Tatsache, dass die Schülerschaft der Schule mit dem Förderschwerpunkt Geistige Entwicklung sehr heterogen ist und sich auf sämtlichen Niveaustufen des Lese- und Schreiblernprozesses befindet, ist es sinnvoll, den Lese- und Schreiblernvorgang nach einem gemeinsamen Anfangsunterricht im Klassenverband im Kursunterricht fortzusetzen. Dadurch haben die Schüler, die sich auf höheren Niveaustufen befinden die Chance, ihr Wissen gemeinsam mit anderen zu erweitern und die Schüler der niedrigeren Niveaustufen haben gleichermaßen die Möglichkeit, unter Gleichgestellten zu arbeiten.

Hinsichtlich der Thematik dieser Arbeit, das Handy im Allgemeinen und die SMS im Speziellen für Schüler mit dem Förderschwerpunkt Geistige Entwicklung, wäre eine Möglichkeit, die SMS-Funktion an die jeweiligen Lese- und Schreiblernstufen des Nutzers anzupassen. So könnten z.B. Schüler, die sich im Leselernprozess auf der 2. Stufe befinden, ihre SMS in Bildern „schreiben" und empfangen (vgl. Punkt 4.3.3).

3. Medien – Grundlagen und bedeutende Aspekte

3.1 Begriffsbestimmungen

TULODIZIECKI (1992) definiert Medien folgendermaßen: „In allgemeinster Form kann man ein ‚Medium' als die Form bezeichnen, in der sich ein Inhalt oder Sachverhalt einem Menschen darstellt bzw. in der er präsentiert wird. Der Begriff ‚Medium' beschreibt in diesem Sinne ein funktionales Element in der Interaktion des Menschen mit seiner Umwelt" (TULODZIECKI 1992, 12). Diese Definition lässt einen weit gefächerten Medienbegriff zu, der darstellt, dass innerhalb jeder Interaktion und Kommunikation, also auch jede unterrichtliche und erzieherische Situation, auch einen medialen Anteil hat (vgl. TULODZIECKI 1992, 12). Medien können nach ganz unterschiedlichen Kriterien voneinander unterschieden bzw. in Gruppen zusammengefasst werden. FAULSTICH (2004) führt aus, dass sich unter vielen Vorschlägen ein Konzept bewährt hat, das mehrere Dimensionen des Medienbegriffs gleichermaßen anspricht:

1. die verschiedenen Arten des Kommunikationskanals
2. das unterschiedliche Leistungsvermögen der Medien
3. der historische Wandel

(vgl. FAULSTICH 2004, 13)

FAULSTICH (2004) unterscheidet die Medien dabei in

- ➢ Primärmedien
- ➢ Sekundärmedien
- ➢ Tertiärmedien
- ➢ Quartärmedien

Die Primärmedien stellen bei dieser Unterteilung die so genannten ‚Menschmedien' dar. Bei diesen Medien ist zur Kommunikation kein technisches Gerät erforderlich. Früher zählten zu den Menschmedien Priester, Sänger, Hofnarren oder Erzähler, heute gibt es in diesem Bereich nach FAULSTICH (2004) nur noch das Theater.

Bei den Sekundärmedien handelt es sich um Druckmedien. Dieses sind vor allem Zeitungen, Zeitschriften und Flugblätter sowie Bücher, Plakate und Hefte. Ein besonderes Merkmal dabei ist, dass nur zu deren Produktion technische Geräte benötigt werden.

Die Tertiärmedien sind die elektronischen Medien, die auch als analoge Medien bezeichnet werden. Die Medien Hörfunk (Radio), Tonträger und Film sowie Video, Fernsehen und Telefon gehören zu diesem Bereich. Das Medium Fotografie hat ursprünglich zu den Druckmedien gehört. Aufgrund des technischen Fortschritts zählt es nun zu den elektronischen Medien, obwohl es uns heutzutage auch in digitaler Form begegnet. Hinsichtlich der immer höher ansteigenden Anzahl von Mobiltelefonen in unserer Gesellschaft und der Thematik dieser Arbeit, ist es notwendig, auch dieses Medium in die Gruppe der Tertiärmedien mit einzufügen.

Bei den Quartärmedien handelt es sich um die digitalen Medien. Diese Gruppe hat die digitale Technik und ihre Besonderheiten zum Merkmal. Dazu zählen neben Computer und E-Mail auch das Internet (vgl. FAULSTICH 2004, 13ff). Dieser letzte Bereich wird heutzutage auch als ,Neue Medien' bezeichnet, weil sich die Medientechniken stetig neu entwickeln.

Jede dieser Gruppen zählt zu den Massenmedien, weil durch sie die Verbreitung von Informationen an ein breites Publikum ermöglicht wird (vgl. MEYEN 2005, 228). Seit der Entstehung der Massenmedien greift die Pädagogik dieses Phänomen auf und spricht von Medienpädagogik, Medienerziehung, Mediendidaktik und Medienkompetenz (vgl. TULODZIECKI 1992, 15). HÜTHER (2005) führt aus, dass die Medienpädagogik in zwei Bereiche geteilt ist: in Mediendidaktik und Medienerziehung. Während die Mediendidaktik „als Erziehung durch Medien mit allen unterrichtsrelevanten Fragen der Medienverwendung im Schul- und Ausbildungsbereich" definiert wird und damit die schulischen Lernziele unter Einsatz von Medien verwirklicht werden sollen (vgl. HÜTHER 2005, 235), thematisiert die Medienerziehung die Medien als eigenständiges Thema. SCHORB (2005) definiert Medienerziehung als „pädagogisches Handeln, das zur richtigen, d.h. kritisch-reflexiven Aneignung der Medien anleiten soll" (SCHORB 2005, 240). Dieses erfolgt nicht nur in schulischen, sondern auch in außerschulischen Bereichen.

Die Medienpädagogik zielt auf eine Erweiterung der Medienkompetenz. Eine genaue Begriffsbestimmung von Medienkompetenz ist jedoch schwierig, weil es in der Literatur viele verschiedene Definitionsauffassungen gibt. Zurückführend auf TULODZIECKI und SIX (2000) umfasst der Begriff Medienkompetenz hinsichtlich dieser vorliegenden Arbeit die Fähigkeit zur „Handhabung von Medien, die Auswahl und Verwendung von Medienangeboten, die Gestaltung und Verbreitung von Medienbeiträgen, das Verstehen und Bewerten von Medien, das Erkennen und

Einschätzen von Medieneinflüssen sowie das Durchschauen und Beurteilen von Bedingungen der Medienproduktion und Medienverbreitung (TULODZIECKI & SIX 2000, 21). Die von TULODZIECKI & SIX (2000) genannten Fähigkeiten beziehen sich vermutlich auf Kinder und Jugendliche ohne geistige Behinderung. Im Rahmen des medienpädagogischen Unterrichts mit der Zielgruppe der vorliegenden Arbeit ist es notwendig, die Zielsetzungen zu differenzieren bzw. in abgeschwächter Form anzustreben, um mögliche Überforderungen der Schüler mit dem Förderschwerpunkt Geistige Entwicklung zu vermeiden.

3.2 Medien im kind- und jugendlichen Umfeld

In der heutigen Zeit wachsen Kinder und Jugendliche „in einer multi-medial geprägten Umwelt auf und erleben Medien als natürlichen und selbstverständlichen Teil ihrer Umgebung" (SIX, GIMMLER & VOGEL 2000, 47). Die Medien sind ein fester Bestandteil unseres Lebens, die zu verschiedenen Zwecken genutzt werden: wir werden unterhalten, können uns entspannen, erweitern unser Wissen, beschaffen uns Informationen und haben die Möglichkeit, unsere Identität zu finden. Medien haben im Alltag einen so starken Platz eingenommen, dass bereits von einer „Medienkindheit" gesprochen wird (vgl. AUFENANGER 2000, 17). SIX et al (2000) betonen, dass die Medien im kind- und jugendlichen Alltag „sowohl unter quantitativen als auch unter qualitativ-funktionalen Gesichtspunkten einen hohen Stellenwert [haben]" (SIX et al 2000, 8). Weiterhin führen SIX et al (2000) aus, dass Kinder und Jugendliche bereits einen beträchtlichen Anteil ihrer Freizeit mit Mediennutzung verbringen und Beschäftigungen wie Fernsehen oder die Nutzung von Tonträgermedien (Musikkassetten usw.) auf den ersten Rängen ihrer Lieblingstätigkeiten liegen (vgl. SIX et al 2000, 8ff). Kinder und Jugendliche haben die Möglichkeit nach sozialen, familiären und persönlichkeitsspezifischen Voraussetzungen aus einer Vielzahl elektronischer Medien und Medienangeboten auszuwählen. Dabei konzentrieren sie sich nicht immer auf die so genannten ‚Kindermedien'. Darunter fallen Angebote, die Kinder als Zielgruppe haben und von den Produzenten explizit als Angebote für Kinder bezeichnet werden. Im Bereich der ‚alten Medien' zählen dazu Kinderbücher, -Zeitschriften und Comics sowie Kinder-Fernsehsendungen und –Videos/ -DVDs. Weiterhin gehören zu diesem Bereich Kinder-Hörspielkassetten. Hinsichtlich der ‚neuen Medien' gibt es mittlerweile zahlreiche eigens für diese Zielgruppe hergestellte Kinder-Computer, Kinder-Handys (vgl. Punkt 4.3.2) sowie eine Vielzahl von Kinderseiten im Internet. Die Kinder der heutigen Zeit nutzen aber neben den Kindermedien auch eine Reihe von Medienangeboten, die nicht speziell für sie produziert werden (wie z.B. Unterhaltungssendungen wie ,Wetten, dass…?, Daily Soaps wie ,Gute Zeiten, schlechte Zeiten' usw.) (vgl. SIX et al 2000, 21). SIX et al (2000) betonen, dass dem Medienumgang von Kindern und Jugendlichen wesentliche Funktionen und Motive zugrunde liegen, die sich nach ihren individuellen Bedürfnissen richten. Diese können längerfristig dominierend oder in einer akuten Situation auftretend sein und orientieren sich einerseits nach den Lebensbedingungen und –anforderungen der Kinder, andererseits ist die Bedürfnisbefriedigung durch Mediennutzung von bisherigen Medienerfahrungen und deren erlebter Nützlichkeit abhängig. Wesentliche Motive auf der kognitiven Ebene der kind- und jugendlichen Mediennutzung liegen in der Befriedigung von Neugier und Wissensdurst, aber auch im Verfolgen von Bildungs- und Informationszielen sowie in der Exploration der Realität, die Kinder und Jugendliche zu großen Teilen nicht durch direkte Erfahrungen erkunden können. Die Kinder und Jugendlichen werden durch Mediennutzung zu sich entwickelnden Denkoperationen angeregt, über die sie sich mit Gleichaltrigen austauschen. So findet nicht nur eine äußerliche, sondern auch eine innerliche Auseinandersetzung mit Medien statt. Auf der emotionalen Ebene liegen die Hautfunktionen der Mediennutzung von Kindern und Jugendlichen in der Unterhaltung und Entspannung. Sie haben Spaß an Medien und können Zeiten der Langeweile überbrücken. Sie sind weiterhin in der Lage, ihre Stimmungen auszugleichen, sich von akuten negativen Erlebnissen abzulenken und können mit Hilfe von Medien Ängste bewältigen. Auch besteht die Möglichkeit, durch Mediennutzung in verschiedenster Form eventuelle emotionale Defizite zu kompensieren (vgl. SIX et al 2000, 84ff).

Von Seiten der Schule ist es notwendig, medienpädagogisch tätig zu werden (vgl. Punkt 3.1). Nicht alle Medieninhalte sind immer kind- und jugendgerecht, so dass die Heranwachsenden teilweise mit Inhalten konfrontiert sind, mit denen sie sich eigenverantwortlich auseinander setzen müssen. Dies verlangt nicht nur den Eltern neue Aufgaben ab, sondern auch von der Schule eine kritischere Auseinander-setzung im Rahmen der Medienpädagogik (vgl. AUFENANGER 1991, 12). Dabei sollten die Vorlieben und die Nutzungen von Kindern und Jugendlichen bezüglich

Medien näher betrachtet werden. Nach Aussagen verschiedener Studien nimmt das Fernsehen einen sehr hohen Stellenwert im Leben der Kinder und Jugendlichen ein, während die Wichtigkeit bzw. Nutzungen anderer Medien variieren. Das Handy nimmt bereits für Kinder und Jugendliche eine wichtige Rolle ein (vgl. Punkt 4.4.1). Die Medien stellen für die Heranwachsenden neben Familie, Schule oder der Peer-Group eine wichtige Sozialisationsinstanz dar, da sie durch ihre Inhalte Werte und Normen vermitteln können (vgl. WEIGAND 2006, 52).

3.3 Gefahren von Medien

Die kind- und jugendliche Mediennutzung ist natürlich keineswegs nur positiv zu betrachten. Es gibt neben vielen Chancen und Möglichkeiten besonders bezüglich der ‚neuen Medien' viele Risiken und potenzielle negative Wirkungen, die nicht außer Acht gelassen werden dürfen. Ein bereits vielfach öffentlich diskutiertes Thema ist z.B. ‚Kinder und Medien-Gewaltdarstellungen', das besonders seit der Erfindung des Internets immer wieder Debatten ausgelöst hat. Zudem werden Gewaltdarstellungen bzw. reale Gewalttaten und andere problematische Inhalte, wie pornographische Szenen, neuerdings per Handy verbreitet, so dass auch diesbezüglich eine öffentliche Diskussion über ein eventuelles Handyverbot an Schulen angebracht war (vgl. FEIERABEND & RATHGEB 2006, 53). Weiterhin werden dem Internet und dem Fernsehen negative Wirkungen auf Kinder und Jugendliche bezüglich Erotik, Pornographie und Werbung zugeschrieben. Im Bereich der Computer wird unter negativen Aspekten überwiegend das vermutete Wirkungspotenzial von Computerspielen problematisiert. Eine weiterhin viel thematisierte Frage bezüglich der kind- und jugendlichen Mediennutzung ist die immer stärker werdende Kommerzialisierung. Die Kinder und Jugendlichen sind nicht nur einem erheblichen Quantum an Werbung ausgesetzt, sondern befinden sich in einer Art Zugzwang, die aus der immer intensiveren Verflechtung zwischen den Medienangeboten und den dazugehörenden Konsumprodukten resultiert (wie z.B. eine TV-Serie, die dazugehörige Zeitschrift, Bettwäsche, Trinkbecher, Poster, Spielfiguren usw.) (vgl. SIX et al 2000, 10). Weitere Gefahren, die Mediennutzung von Kindern und Jugendlichen mit sich bringen, sind Suchtrisiken. Aufgrund ständiger Anwendung bestimmter Medien kann es vorkommen, dass die kind- und jugendlichen Nutzer süchtig nach diesem Medium werden. Fälle von Fernseh- Computer- oder

Videospielsucht sind bereits in der Öffentlichkeit thematisiert worden. Hinsichtlich der Thematik dieser Arbeit ist es notwendig, auch die Telefonier- oder SMS-Sucht zu nennen. Auch solche Fälle sind bereits publik geworden. Das Handy und sein Gebrauch bergen Risiken, die im Folgenden aufgezeigt werden: Es besteht bei Handys ohne Prepaid-Karte (vgl. Punkt 10) die Gefahr, dass sich Nutzer bereits im Kind- und Jugendalter verschulden können. Dabei geht ein wesentliches Risiko von Telefondiensten aus, die mit dem Herunterladen von Klingeltönen oder Logos werben. Dabei wird einerseits mit Service–Telefonnummern eine höhere Telefongebühr abgerechnet und andererseits schließen die Kinder und Jugendlichen mit einer SMS oder einem Anruf ein Abo ab, das monatlich mit einem zum Teil hohen Betrag abgebucht wird. Ein weiteres Risiko bei der Handynutzung besteht in dem ständigen Versand von SMS. Die Kinder und Jugendlichen lassen sich durch die recht günstigen Einzelkosten pro SMS leiten und bemerken die enorme Summierung der Kosten erst mit Sichtung der Rechnung am Monatsende. Zudem können durch hohe Handykosten innerhalb der Familie Konflikte entstehen (vgl. SIX et al 2000, 202). „Auch die unterschiedlichen Kommunikationsmöglichkeiten über das Handy bergen Gefahren. Hier ist vor allem an Kontakte zwischen Chatpartnern (vgl. Punkt 10) zu denken. Kinder und Jugendliche werden immer wieder Opfer von sexueller Belästigung über SMS, MMS (vgl. Punkt 10) oder direkte Anrufe, denen sie häufig hilflos gegenüber stehen" (WEIGAND 2006, 54). Ein bedeutender Aspekt ist zudem auch der durch die ständige SMS-Kommunikation ausgelöste Sprachverfall von Kindern und Jugendlichen. Im Rahmen einer SMS stehen dem Nutzer 160 Zeichen zur Verfügung. Dies bedeutet, die Anwender müssen sich kurz fassen, also in Abkürzungen schreiben und übertragen dies auch häufig auf ihren normalen Sprachgebrauch. Auch können soziale Beziehungen durch die Handy-Kommunikation nach und nach verarmen, weil direkte „Face-to-Face-Kommunikation" immer mehr in den Hintergrund rückt (DÖRING 2005, 29). Ein weiteres, jedoch schwer kalkulierbares Risiko in der Handynutzung besteht in möglichen körperlichen Schädigungen, die durch die von den Mobiltelefonen ausgehenden elektromagnetischen Strahlungen verursacht werden. Die wirklichen Risiken diesbezüglich sind bisher noch nicht endgültig bewiesen, jedoch weist z.B. das BUNDESAMT FÜR STRAHLENSSCHUTZ (2006) darauf hin, dass insbesondere Kinder und Jugendliche, die sich noch in der Entwicklung befinden, das Handy nur in geringem Maße gebrauchen sollten. In der Öffentlichkeit werden

Strahlungshöchstwerte für Handys diskutiert und strahlungsarme Produkte sollen künftig mit einem Etikett ausgezeichnet werden (vgl. BECKER & THIELE 2006, 77). Die vom Handy ausgehenden Gefahren sollten auf jeden Fall Bestandteil einer möglichen Unterrichtseinheit zum Thema Handy sein. Es ist wichtig, den Schülern die Risiken aufzuzeigen, die von einem Mobiltelefon ausgehen können. Eine besondere Bedeutung sollte diese Thematik im Unterricht an einer Schule für Geistigbehinderte zukommen, weil gerade Menschen dieser Zielgruppe aufgrund ihrer Behinderung die Gefahren oft nur schwer einschätzen können und schnell Opfer von z.B. SMS-Abos oder dem Versand gewalthaltiger Videos werden können sowie sich durch extremen Handykonsum verschulden können.

4. Das Handy

4.1 Begriffsbestimmung eingebettet in einen geschichtlichen Abriss

Ein Handy ist ein tragbares Telefon, „das über Funk mit dem Telefonnetz kommuniziert und daher ortsunabhängig eingesetzt werden kann" (WIKIPEDIA 2007a). Im deutschsprachigen Raum sind verschiedene Begrifflichkeiten für dieses mobile Telefon bekannt. So haben sich neben dem Begriff ‚Handy' auch die Worte Mobiltelefon, Funktelefon, GSM-Telefon sowie in der Schweiz der Ausdruck Natel durchgesetzt. Die Bezeichnung ‚Handy' ist bei uns seit etwa 1992 am weitesten verbreitet. Es ist allerdings schwierig zu erläutern, wie dieser Ausdruck entstanden ist, weil „es zahlreiche widersprüchliche Erklärungsansätze [gibt], die bislang nicht schlüssig belegt werden konnten" (WIKIPEDIA 2007a). Der Begriff ‚Handy' kommt aus dem englischen Sprachraum und hat verschiedene Übersetzungen. Zum einen bedeutet es ‚zur Hand, bei der Hand, greifbar' bzw. ‚geschickt, gewandt' und zum anderen kann es auch mit ‚handlich, praktisch' sowie ‚nützlich' übersetzt werden (vgl. MESSINGER 1992, 531).

Die Geschichte der mobilen Kommunikation begann damit, dass 1926 in den „Zügen der Deutschen Reichsbahn und Reichspost auf der Strecke zwischen Hamburg und Berlin" (WIKIPEDIA 2007a) ein Telefondienst für Mitreisende der 1. Klasse eingerichtet wurde. Im Jahr 1958 gab es in Deutschland erste relativ große Autotelefone, die im ganzen Land verwendbar waren. Die darüber geführten Gespräche konnten zunächst nur handvermittelt hergestellt werden (vgl. WIKIPEDIA 2007a). Dies bedeutet, dass ein Telefonist das Gespräch entgegen nimmt und an den gewünschten Teilnehmer weitervermittelt (vgl. WIKIPEDIA 2007b). Das erste in Deutschland öffentliche Mobilfunknetz wurde zeitgleich in Betrieb genommen. Dies war das so genannte A-Netz der deutschen Bundespost. Auch die darüber geführten Gespräche wurden wie in der Frühzeit des Telefons handvermittelt. Ab 1972 erfolgte der Ausbau des B-Netzes. Es wurden bundesweit 150 Sendemasten aufgestellt, so dass eine „flächendeckende Versorgung sichergestellt" (BECKER/ THIELE 2006, 35) war. Mit diesem Netz war es möglich, selbstständig Verbindungen anzuwählen, allerdings musste der Anrufer wissen, in welcher Region Deutschlands sich der gewünschte Gesprächspartner aufhielt und die entsprechende Vorwahl eingeben.

Erst nach Ausbau des C-Netzes, der 1985 erfolgte, war es möglich, „Empfänger ohne Kenntnis des Aufenthaltsortes zu erreichen" (BECKER/ THIELE 2006, 36). Allerdings waren die zu erwerbenden Mobiltelefone mit einem Preis von etwa 8.600 DM (etwa 4.397 Euro) sehr teuer, so dass die Besitzer zum größten Teil Geschäftsleute waren. Ab dem Jahr 1992 nahm die „Geschichte der digitalen D-Netze mit den GSM-fähigen Mobilfunkgeräten" (BECKER/ THIELE 2006, 36) seinen Lauf. GSM ist die Abkürzung für ,Global Systems for Mobile Communications' und „bezeichnet den internationalen Standard für den Mobilfunkbetrieb" (BECKER/ THIELE 2006, 36). Im Jahr 2003 wurde ein neuer Mobilfunkstandard, der so genannte UMTS, gestartet. „UMTS steht für ,Universal Mobile Telecommunication System'" (BECKER/ THIELE 2006, 36). Die Datenübertragung ist im Vergleich zum GSM-Standard wesentlich schneller und kann so auch Sprachkommunikation sowie Bild- und Videoübertragungen ermöglichen (vgl. BECKER/ THIELE 2006, 36). Inzwischen gibt es in Deutschland weit mehr Handys als Festnetzanschlüsse. Nach Angaben des Jahresberichts 2006 der BUNDESNETZAGENTUR ist ein steter Rückgang von Festnetzanschlüssen zu vernehmen. Am Ende des Jahres 2005 gab es in Deutschland noch 54,7 Millionen Festnetzanschlüsse während am Ende des letzten Jahres nur noch 54,2 Millionen Anschlüsse verzeichnet wurden. Dagegen steigen die Zahlen der Teilnehmer in den deutschen Mobilfunknetzen in den letzten Jahren immer deutlicher an: Am Ende des Jahres 2004 gab es 71,3 Millionen Handys in Deutschland, Ende 2005 waren es schon 79,2 Millionen und im letzten Jahr stieg die Anzahl der Mobiltelefone in Deutschland auf 84,3 Millionen (vgl. BUNDESNETZAGENTUR 2006, 59). Dieser Trend ist ebenfalls im internationalen Vergleich zu beobachten. Es wird in nur wenigen Jahren voraussichtlich weltweit mehr Mobiltelefone als Festnetzgeräte geben (vgl. BECKER/ THIELE 2006, 36).

4.2 Geräte im Wandel

Im geschichtlichen Verlauf der Mobiltelefonentwicklung ist deutlich zu sehen, wie sich die Technik immer weiter entwickelt hat. „Noch vor wenigen Jahren hätte sich (...) kaum jemand vorstellen können, was ein Handy einmal alles können wird" (SCHNEIDER 2007). In den Anfängen der Mobilfunktechnologie wurde ein Handy zum Telefonieren konzipiert, heutzutage ist es weitaus mehr als ein Telefon. „Die Entwicklung geht zunehmend in Richtung eines kombinierten Multifunktionsgerätes mit Funktionen als Telefon, Uhr, Kamera, Mp3-Player (vgl. Punkt 10), Navigationsgerät, Rechner und Spielkonsole" (WIKIPEDIA 2007a). In erster Linie ist diese Entwicklung auf den ständigen Fortschritt der Technik zurückführbar. „Vor einem Jahrzehnt war es noch undenkbar, dass man ein Mobiltelefon in der Größe einer Zigarettenschachtel mit sich führen könnte" (SCHNEIDER 2007). Die ersten Geräte des Mobilfunks hatten eine starke Ähnlichkeit mit Funkgeräten. Sie waren groß, schwer und unhandlich, doch „das war bereits das Maximum, was die damalige Technik ermöglichte" (SCHNEIDER 2007). Die Tasten der ersten Handys, die auf den Markt gebracht wurden, waren groß, das Display eher klein. Eine Menüführung gab es nicht und war auch nicht notwendig, denn mit dem Mobiltelefon war es nur möglich zu telefonieren. Die Geräte hatten Antennen, die herausgezogen werden

mussten und sich daher als sehr unpraktisch erwiesen. Diese wurden im Laufe der Zeit kürzer und verschwanden schließlich vollständig (vgl. RHEINISCHE POST 2007). WINTER (2007) betont, dass aufgrund der Größe und Unhandlichkeit des Mobiltelefons nur bedingt von Mobilität gesprochen werden konnte, weil der Raum, in dem sich der Inhaber des Handys bewegte, doch sehr eingeschränkt wurde (vgl. WINTER 2007). Im Laufe der Zeit wurden mit Hilfe des technischen Fortschritts „die für Handys benötigten Chips und Bauteile immer kleiner, kompakter und dabei aber stets leistungsfähiger" (SCHNEIDER 2007). So gelang der Erfolg der

Abb.1: Ein Unterschied von 15 Jahren technischem Fortschritt (RHEINISCHE POST 2007)

Mobilfunktechnologie mit der Einführung der Displays mit blauem Kontrast, die sich gegenüber Grün und Grau sofort durchsetzen konnten. Kurz darauf lösten erste Farbdisplays großes Staunen und Begeisterung aus und konnten sich damit von der Masse abheben (vgl. SCHNEIDER 2007). SCHNEIDER (2007) hebt ebenfalls den „Bereich der Soundwiedergabe" hervor: auch auf diesem Gebiet hat sich im Laufe der Entwicklung der Mobiltelefone viel getan. Die internen Chips sind so leistungsfähig geworden, dass das „Handy mittlerweile immer mehr einem kleinen Computer [ähnelt] und (…) deswegen auch keine Probleme [hat], wenn es darum geht, qualitativ hochwertige Musikstücke im Mp3-Format wiederzugeben" (SCHNEIDER 2007). Die Technik hat sich inzwischen so weit entwickelt, dass es neben den Möglichkeiten des Telefonierens, SMS-Versendens, Spielens, der

Terminplanung per Kalender sowie des Musikhörens möglich ist, mit dem Mobiltelefon im Internet zu surfen, Fernseh- und Hörfunksendungen zu empfangen, E-Mails abzurufen und zu versenden, Fotos und Videoclips zu erstellen und zu verschicken sowie das Handy als Navigationsgerät zu nutzen und mittels einer Bluetooth-Schnittstelle (vgl. Punkt 10) die Synchronisation mit dem Computer zu ermöglichen. Dabei befindet sich neben den Funktionen auch der Bedienkomfort in steter Verbesserung (vgl. SCHNEIDER 2007).

4.3 Ausstattung und Funktionen der Handys

Wie bereits im letzten Abschnitt (vgl. Punkt 4.2) beschrieben, entwickelten sich die Handys im Laufe der Zeit immer mehr zu kleinen Multifunktionsgeräten. Der schnelllebige Mobiltelefonmarkt hat mit seinen computerähnlichen Geräten das einfache Handy, mit dem Telefonieren, SMS- und Terminkalendernutzung möglich sind, verdrängt.

4.3.1 Einfache versus komplexe Geräte

Zunächst ist es notwendig, die Begrifflichkeiten ,einfache' und ,komplexe' Geräte in diesem Zusammenhang zu klären. Unter ,einfachen' Geräten werden Mobiltelefone verstanden, bei denen die Hauptfunktionen Telefonieren, SMS-Versand sowie ein Terminkalender im Vordergrund stehen. ,Komplexe' Geräte dagegen sind die neuesten Mobiltelefone, die neben diesen Grundfunktionen u. a. noch eine integrierte Kamera, eine Internet- und E-Mail-Funktion, die Möglichkeit Fernseh- und Hörfunksendungen zu empfangen sowie eine Bluetooth-Schnittstelle und/ oder sogar ein Navigationsgerät bieten (vgl. Punkt 4.2).

Die komplexen Geräte finden vor allem in der jugendlichen Mobilfunk-Kundschaft einen großen Absatz. Den heranwachsenden Nutzern fällt es allerdings auch in den meisten Fällen nicht besonders schwer, sich in neue technische Inhalte hineinzudenken und diese zu durchschauen. Allerdings gilt es zu bedenken, dass es auf dem Handymarkt nicht nur jugendliche Verbraucher gibt (vgl. Punkt 4.3.2).

Die komplexen Geräte bieten im Gegensatz zu den einfachen sicherlich gewisse Vorteile. Es gibt einfach mehr Möglichkeiten, die ein komplexes Gerät in sich birgt.

Dementsprechend werden durch das Handy viele einzelne Geräte ersetzt. Jedoch wird durch die Medien immer deutlicher, dass diese geballte Technik vielen Verbrauchern zu viel ist und sie sich ein Telefon mit den Grundfunktionen wünschen, bei dem nicht besonders viel technisches Geschick gefragt ist. Der RATGEBER ARD (2007) untermauert dies, indem beschrieben wird, dass „immer mehr Anwendern die technische Vielfalt zu groß ist" (RATGEBER ARD 2007). Weiterhin wird ausgeführt: „viele Kunden fühlen sich bei diesem Umfang überfordert und suchen einfach zu bedienende Modelle. Die Hersteller reagieren auf die Nachfrage und bringen immer mehr Geräte ohne großen technischen Funktionsumfang auf den Markt" (RATGEBER ARD 2007). Das wird auch vom BUNDESMINISTERIUM FÜR FAMILIE, SENIOREN, FRAUEN UND JUGEND bestätigt: ein Hersteller in Japan entwickelte im Jahr 2004 ein Handy, das keinerlei Zusatzfunktionen besaß. „Bis zum Ende des Jahres 2004 konnten in Japan mehrere zehntausend Geräte verkauft werden" (BUNDESMINISTERIUM FÜR FAMILIE, SENIOREN, FRAUEN UND JUGEND 2007). Diese Meldungen zeigen, dass auch einfache Geräte auf dem Mobiltelefonmarkt einen Absatz finden können.

4.3.2 Handys für Kinder und Senioren

Da es bisher noch keine Handys für Menschen mit geistiger Behinderung auf dem Mobilfunkmarkt gibt, werde ich kurz Konzepte aus dem teilverwandten Kinder- und Seniorenbereich vorstellen, um anschließend Schlussfolgerungen für mögliche Modelle für geistig behinderte Menschen anzudenken.

Der Mobilfunkmarkt hat sich so entwickelt, dass mittlerweile ein breites Feld von ihm bedient wird: zu den Konsumenten zählen neben Jugendlichen sowohl Kinder ab etwa 6 Jahren (vgl. Punkt 4.4) als auch Erwachsene und Senioren. Besonders Kinder und Senioren benötigen Handys mit einer einfachen Bedienung, einem großen Display sowie großen bzw. gut angeordneten Tasten, die auch für weniger geschickte Finger gut bedienbar sind. Verschiedene Mobilfunkunternehmen haben sich dieser Zielgruppe angenommen und spezielle Handys konstruiert: es gibt im Handel mittlerweile zahlreiche Kinder- und Senioren-Handys. Diese zeichnen sich durch eine leichte Handhabung sowie eine vereinfachte Menüführung aus. Die Grundfunktionen neben dem Telefonieren, wie z.B. SMS-Versand, Terminkalender, Weckfunktion sowie ein Telefonbuch stehen bei vielen Geräten zur Verfügung.

Einige der eigens für Senioren und auch für Kinder entwickelten Mobiltelefone haben fast nichts mehr mit einem heute üblichen Handy gemein, weil sie in ihren Funktionen so stark reduziert sind. Bei einigen Geräten ist die Eingabe einer Telefonnummer nicht möglich, weil die Handys nur über eine oder wenige Notruftasten verfügen (vgl. BUNDESMINISTERIUM FÜR FAMILIE, SENIOREN, FRAUEN UND JUGEND 2007). Mittels Kurzwahl kann der Besitzer nur die auf den Tasten eingespeicherten Nummern anrufen. Andere Modelle bieten dagegen sehr große Tasten, die schon fast überproportioniert wirken. Eine weitere Funktion, die viele der speziellen Kinder- und Seniorenhandys erfüllen, ist die GSM-Ortung. Das bedeutet, die nächststehende „Basisstation, in der das Gerät eingebucht ist oder zuletzt war" (WIKIPEDIA 2007c), wird über eine Funkzellenortung erfasst. Diese Funktion erfüllen mittlerweile jedoch alle Handys, solange sie eingeschaltet sind. Es gibt zudem die Möglichkeit, „jedes Handy für eine Ortung im Notfall registrieren [zu lassen]" (TELTARIF 2007). Weiterhin zeichnen sich einige der Kinder- und Seniorenhandys dadurch aus, dass teilweise keine PIN-Eingabe erforderlich ist und es bei einzelnen Geräten möglich ist, Funktionen wie SMS-Versand und Wecker gegen einen Aufpreis dazu schalten zu lassen. Hinsichtlich der Kinderhandys sind einige Geräte so eingestellt, dass keine 0180-Nummern gewählt werden können. Viele bieten auch ein besonders widerstandsfähiges Gehäuse, das sich leicht reinigen lässt und zudem sehr stoßsicher ist. Daneben verfügen viele der Kinderhandys über die Möglichkeit einer GPS-Ortung. Das bedeutet, anders als bei der oben beschriebenen GSM-Ortung (vgl. WIKIPEDIA 2007c), wird bei der GPS-Ortung das GPS-fähige Mobiltelefon per Internet-Ortungsplattform selbst geortet. Diese Ortung ist sehr viel genauer und kann den Handybesitzer bis auf ca. 100m genau orten (vgl. TCHIBO 2007).

Allerdings wirken einige von verschiedenen Herstellern produzierten Seniorenhandys sehr übertrieben, weil sie einerseits auf minimalste Funktionen reduziert sind und andererseits überdimensional groß wirken. Bei den für Kinder entwickelten Geräten wird oft bemängelt, dass die Funktionen zu eingeschränkt sind und dass die Handys über kein Display verfügen, auf dem z.B. der Akkuzustand abgelesen werden kann. Zudem sind die meisten der speziell für Senioren und Kinder entwickelten Geräte sehr teuer und übersteigen damit den Preis, den die meisten Verbraucher dieser Zielgruppen auszugeben bereit sind. Daher ist es in den meisten Fällen sinnvoller, für interessierte Kinder und Senioren ein übliches Mobiltelefon zu finden, das in der Ausstattung einfach und leicht bedienbar ist.

4.3.3 Handys für Menschen mit geistiger Behinderung

Speziell für Menschen mit geistiger Behinderung hergestellte Handys sind bisher nicht im Handel erhältlich. Aber auch diese Zielgruppe wird sich zum größten Teil mit der Komplexität der neuesten Mobiltelefone überfordert fühlen bzw. wird die meisten der vorhandenen Zusatzfunktionen des Handys wie Navigationssystem, Bluetooth-Schnittstelle oder Internetzugang (vgl. Punkt 4.2) gar nicht nutzen können oder wollen. Daher ist es sinnvoll, darüber nachzudenken, wie ein Mobiltelefon für Menschen mit geistiger Behinderung gestaltet sein sollte, damit auch sie sich damit zurechtfinden können und diese Form der neuen Medien für sich nutzen können. Das verschafft ihnen nicht nur ein gestärktes Selbstwertgefühl, sondern auch den Eltern, Betreuern, Lehrern und sonstigen Bezugspersonen eine Form der Kontrollmöglichkeit. Angefangen bei einem stoßfesten, wasserdichten und abwaschbaren Gehäuse, das oben eine Öse aufweist, mit der das Handy als Vorbeugung vor Verlust an einem Schlüsselband o. ä. befestigt werden kann, ist es wichtig, dass ein für Menschen mit geistiger Behinderung gestaltetes Handy ein großzügiges, kontrastreiches Display aufweist. Weiterhin sollten bei einem Mobiltelefon für diese Zielgruppe die Tasten groß und gut lesbar sein. Ideal wären getrennte Ziffern- und Buchstabentasten (je nach Schweregrad der Behinderung ist es sinnvoll, zu überlegen, ob Buchstabentasten überhaupt notwendig sind) sowie die Tasten mit einzelnen Buchstaben zu besetzen, damit es keine Doppel- und Dreifachbelegungen gibt, die den Anwender durcheinander bringen könnten. Ebenfalls wären mit Bildern untermalte Buchstabentasten wie z.B. Taste „A" mit einem Bild eines Affens oder „B" mit einem Bild einer Banane, so dass der geistig behinderte Nutzer die Verknüpfung des Bildes zu dem Buchstaben herstellen kann. Die Bilder könnten dafür den Boardmaker-Symbolen[2] oder ähnlichen dem Anwender bekannten Systemen entnommen sowie im Unterricht erarbeitet oder vom Anwender selbst entworfen werden. Die letzte Variante kann dem Verbraucher als eine noch bessere Verknüpfung dienen, weil selbst gestaltete Bilder sich dem Gestalter besser

---

[2] Boardmaker ist ein Symbol- und Bildersystem, also eine nicht-elektronische Kommunikationshilfe, die im Rahmen der Unterstützten Kommunikation ihren Einsatz findet (UK-FORUM.DE 2007)

einprägen als vorgefertigte und das Handy dadurch zu etwas ganz Persönlichem wird. Eine weitere Möglichkeit für die Gestaltung eines Mobiltelefons für Menschen mit geistiger Behinderung ist, verschiedene Kurzwahltasten mit den wichtigsten Rufnummern der Bezugspersonen (Familie, Freunde, Schule, LehrerIn usw.) einzuspeichern. Die Besonderheit dabei ist, dass bei Betätigung der Kurzwahltasten ein Foto der jeweilig eingespeicherten Person auf dem Display erscheint. So können auch Handynutzer, die nicht lesen oder sich nicht gut merken können, welche Person unter welcher Kurzwahltaste eingespeichert ist, diese Tasten anwenden. Eine Alternative für das Bild auf dem Display wäre ein Foto auf der Kurzwahltaste selbst. Diese können ebenfalls gemeinsam mit dem Menschen mit geistiger Behinderung erstellt werden, vielleicht sogar von ihm fotografiert werden, so dass er einen besonderen Bezug dazu herstellen kann. Auch für die Funktion des Telefonsbuchs ist es notwendig, dass bei allen Namenseintragungen zusätzlich ein Foto der jeweiligen Person auf dem Display erscheint. So kann der geistig behinderte Nutzer, der evtl. die Namen nicht lesen kann, die Personen besser zuordnen. Weiterhin ist für ein Handy für Menschen mit geistiger Behinderung wichtig, dass das Einstellen der Tastensperre nicht aus einer Kombination von zwei Tasten besteht, wie es bei den meisten üblichen Handys der Fall ist. Eine gute Lösung wäre an dieser Stelle eine Taste, die seitlich am Telefon angebracht ist, so dass der Nutzer sie nicht ständig versehentlich betätigt. Eine Alternative wäre ein Schieber, den der Anwender über die Tastatur schieben kann, so dass diese ganz geschützt ist. Hier wäre auch ein Klapphandy denkbar. Im Bezug auf die Menüführung ist es notwendig, dass diese kürzer gehalten wird, wie bei einem üblichen Handy. In der Regel sollten dem geistig behinderten Nutzer die Funktionen SMS, Telefonbuch, Kalender, Musik/Radio, Spiele und evtl. die Kamera-Funktion ausreichen. Alle anderen Einstellungen könnten mit einer Art Code gesichert sein, so dass diese zwar verstellt werden können, dies aber die Eingabe des Codes voraussetzt. Dadurch wäre es möglich, dass die Bezugspersonen des Menschen mit geistiger Behinderung diese Einstellungsänderungen vornehmen, wie Netz- oder Profilwahl, Verbindungswahl oder Diensteinstellungen wie Nachrichten oder Internetzugang. Die Menüführung eines Handys für Menschen mit geistiger Behinderung könnte so gestaltet sein, dass die verschiedenen Ebenen aufgrund der besseren Übersicht mit Bildern dargestellt sind, wie z.B. ein Buch für das Telefonbuch, ein Fotoapparat für die Kamera. Diese können wie bereits erwähnt, dem Boardmaker- oder anderen bekannten Systemen entnommen oder selbst entworfen werden. Um auch Menschen mit geistiger Behinderung, die nicht lesen und schreiben können, den Versand und das Empfangen von SMS und damit eine Kommunikation mit dem Medium Handy zu ermöglichen, wäre eine SMS-Funktion mit Symbolen ideal. So können einzelne Bilder oder ganze Symbolsätze formuliert und an jemanden geschickt werden. Eine Alternative dazu wäre (für sprechende Menschen mit geistiger Behinderung) ‚Mobile Accessibility'. Das ist eine Software, die nach Angaben von HEISE ONLINE (2003) von den Firmen CODE FACTORY und SVOX für sehbehinderte Menschen entwickelt wurde. Die Programme der ‚Mobile Accessibility' ermöglichen die Bedienung des Mobiltelefons vollständig per Sprache. Dadurch können Kalender, Adressbücher sprachgesteuert verwaltet sowie SMS gesendet und empfangen werden. Das Handy liest „alle Informationen und Meldungen, die auf dem Display erscheinen, mit einer ‚natürlich klingenden' Stimme vor" (HEISE ONLINE 2003). Diese Software könnte auch eine gute Möglichkeit für die Handynutzung von Menschen mit geistiger Behinderung sein. Es ist möglich, sie auf viele der gängigen Handys aufzuspielen. Ein weiterer wichtiger Punkt, der bei der Gestaltung eines Mobiltelefons für Menschen mit geistiger Behinderung beachtet werden sollte, ist eine Rufnummernsperre für bestimmte Telefonnummern. Demgemäß ist es sinnvoll, das Handy so zu programmieren, dass keine 0180-Nummern angerufen werden können. Dies ist wichtig, weil gerade Menschen mit geistiger Behinderung die Kosten für Gespräche solcher Art nicht überblicken können und dabei schnell Schulden machen könnten (vgl. Punkt 3.3). Das Mobiltelefon sollte zusätzlich keine Schnittstelle für das Herunterladen von Klingeltönen, Logos u. ä. haben, weil auch hier die Kosten schnell außer Kontrolle geraten könnten. Weiterhin ist es wichtig, dass das Handy über die Möglichkeit einer GPS-Ortung verfügt.

Grundsätzlich gibt es viele Möglichkeiten, wie ein Handy für einen Menschen mit geistiger Behinderung gestaltet werden könnte. Es ist wichtig, dass einige Dinge beachtet werden, wie z. B. ein großes Display und großzügige Tasten. Aber auch dies gilt nicht für alle Mobiltelefone für Menschen mit geistiger Behinderung. Dies sollte sich nach dem Schweregrad der Behinderung richten. Weiterhin bleibt trotzdem die Überlegung, ob sich der Mobilfunkmarkt einer so heterogenen Zielgruppe überhaupt annehmen würde. Diese Ausführungen über mögliche Bestandteile eines Handys für geistig behinderte Menschen wirft die Frage auf, ob die Handyhersteller überhaupt Geräte mit so vielen Extras produzieren würden.

Wenn alle genannten Kriterien in einem Gerät vereint sein sollten, würde das Handy keinesfalls mehr klein und handlich sein, sondern eher einer Art Taschencomputer oder Laptop ähneln. Damit ist der vielfach genannte Vorteil des praktischen Gerätes, das in jede Tasche passt, wieder aufgehoben. Die Bandbreite geistiger Behinderungen ist wahrscheinlich zu groß, um wirklich Handyhersteller davon überzeugen zu können, für diese Zielgruppe spezielle Geräte zu produzieren. Ideal wäre es, wenn es kein einheitliches Handy für diese Zielgruppe geben würde, sondern jedes beliebige Mobiltelefon zu einem solchen Spezialgerät umgestaltet werden könnte, indem z.b. eine vereinfachte Software von den Mobiltelefon-herstellern aufgespielt würde. So wäre eine Differenzierung möglich, die an dieser Stelle auch angebracht wäre.

4.4 Handynutzung von Kindern und Jugendlichen

In den folgenden Kapitelunterpunkten werden Aspekte hinsichtlich der Handynutzung von Kindern und Jugendlichen vorgestellt. Dabei wird näher auf statistische Werte zum Handy-Besitz, die am meisten genutzten Funktionen sowie die dadurch verursachten Handy-Kosten eingegangen. Diese Aspekte werden an dieser Stelle berücksichtigt, weil sich einerseits auch Kinder und Jugendliche mit dem Förderschwerpunkt Geistige Entwicklung dem Handy-Trend nicht entziehen können und oft auch nicht wollen und andererseits die Gesichtspunkte im Rahmen der Untersuchung bei den Schüler-Interviews mit Kindern und Jugendlichen mit geistiger Behinderung wieder aufgegriffen werden.

4.4.1 Handy-Besitz

Es hat sich in den letzten Jahren kein anderes Medium so schnell verbreitet wie das Handy. Es gibt bei keinem anderen Medium eine derart hohe Besitzrate bei Kindern und Jugendlichen. Nach Aussagen der KIM-Studien von FEIERABEND und KLINGLER (1999, 2000, 2003), die seit 1999 im Rahmen ihrer Basisuntersuchung zum Medienumgang 6- bis 13-Jähriger auch zum Thema Handy befragte, ist ein stetiger Anstieg des Handy-Besitzes bei Kindern und Jugendlichen dieses Alters aufgefallen. Während im Jahr 1999 lediglich 21% der Haushalte, in denen Kinder und

Jugendliche im Alter von 6 bis 13 Jahren aufwachsen, mit einem Mobiltelefon ausgestattet waren (vgl. FEIERABEND & KLINGLER 1999, 55), waren es im Jahr 2000 bereits 60%. Ein Handy ihr Eigen nennen durften im Jahr 2000 6% der Kinder und Jugendlichen zwischen 6 und 13 Jahren (vgl. FEIERABEND & KLINGLER 2000, 14/15). Bereits 2003 war der Anteil der Mobiltelefone in den Haushalten auf 86% gewachsen. Auch der Prozentanteil der kind- und jugendlichen Handybesitzer war um das Vierfache auf 24% angestiegen (vgl. FEIERABEND & KLINGLER 2003, 13, 15). In der letzten vorliegenden KIM-Studie aus dem Jahr 2006 von FEIERABEND und RATHGEB (2006) zeigte sich, dass bereits 96% der Haushalte, in denen Kinder und Jugendliche im Alter von 6 bis 13 Jahren leben, mit einem Handy ausgestattet sind. Der Anteil der Kinder und Jugendlichen, die ein eigenes Mobiltelefon besitzen, ist 2006 bereits auf 44% gewachsen (vgl. FEIERABEND & RATHGEB 2006, 7, 49). Die Angaben der JIM-Studien von FEIERABEND und KLINGLER (1998, 2003), die bereits 1998 die ersten Erhebungen im Rahmen ihrer Basisuntersuchung zum Medienumgang 12- bis 19-Jähriger zum Thema Handy gemacht haben, zeigen, dass der Anteil der kindlichen Handybesitzer mit dem Alter steigt. DÖRING (2006) beschreibt, das Handy wird „ab 10 Jahren bzw. ab der 4. Schulklasse (...) zur Normalität" (DÖRING 2006, 47). Die Kids-Verbraucher-Analyse (KVA) 2006 bestätigt diese Feststellung, indem aus ihr hervorgeht, dass 45% der 6- bis 9-Jährigen und 47% der 10- bis 13-Jährigen sich ein Handy wünschen (vgl. KVA 2006). Laut JIM-Studie verfügten 1998 8% der Jugendlichen über ein eigenes Mobiltelefon (vgl. FEIERABEND & KLINGLER 1998, 57). Bereits im Jahr 2003 hat sich dieser Anteil mehr als verzehnfacht: 86% der befragten Jugendlichen zwischen 12 und 19 Jahren durften ein Mobiltelefon ihr Eigen nennen. Die Haushalte, in denen Jugendliche zwischen 12 und 19 Jahren aufwachsen, waren im Jahr 2003 bereits zu 98% mit einem Handy ausgestattet (vgl. FEIERABEND & KLINGLER 2003, 17). Der Prozentsatz der jugendlichen Handybesitzer stieg weiter an und bei der Erhebung der JIM-Studie im Jahr 2006 von FEIERABEND und RATHGEB (2006) zeigte sich, dass nunmehr 99% der Haushalte, in denen Jugendliche zwischen 12 und 19 Jahren leben über ein Mobiltelefon verfügen und 92% der Jugendlichen selbst im Besitz eines Handys sind (vgl. FEIERABEND & RATHGEB 2006, 8, 10).

Nach Aussagen der KIM-Studie 2006 von FEIERABEND und RATHGEB (2006) erhalten 86% der Kinder und Jugendlichen im Alter von 6 bis 13 Jahren mindestens „einmal die Woche einen Anruf auf dem Mobiltelefon" (FEIERABEND & RATHGEB 2006, 49). Damit ist dies die häufigste Anwendung des Handys von Kindern. Das Schreiben und Verschicken von SMS kommt bei den Kindern erst an der zweiten Stelle. Es werden im Durchschnitt „13,2 SMS pro Woche empfangen und 12,5 SMS in der Woche verschickt" (FEIERABEND &RATHGEB 2006, 49). Von etwa der Hälfte der kindlichen Handy-Besitzer werden regelmäßig Spiele auf dem Handy gespielt. Nach Aussagen der KIM-Studie werden die Foto- und Videofunktionen des Handys von Kindern eher selten genutzt (vgl. FEIERABEND & RATHGEB 2006, 49/50). Aus der JIM-Studie 2006 von SABINE FEIERABEND und THOMAS RATHGEB geht hervor, dass bei Jugendlichen im Alter von 12 bis 19 Jahren „das Versenden und Empfangen von Kurzmitteilungen (SMS)" (FEIERABEND & RATHGEB 2006, 52) wichtiger ist als das Telefonieren. Etwa „85% der Jugendlichen schicken mindestens mehrmals pro Woche eine SMS", während „nur 63% (...) mit dieser Häufigkeit" telefonieren (FEIERABEND & RATHGEB 2006, 52).

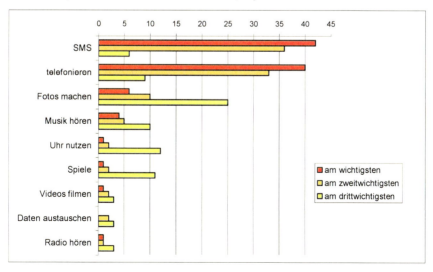

Quelle: JIM 2006, Angaben in Prozent   Basis: Handy-Besitzer, n=1.103
Abb. 2: Wichtigkeit verschiedener Handy-Funktionen
Abfrage ohne Antwortvorgabe (FEIERABEND & RATHGEB 2006, 52)

Die Tabelle zeigt, dass das Anfertigen von Fotos mit der in den Handys integrierten Kamera sowie das Musik hören über das Mobiltelefon wenige Jugendliche als wichtigste Funktion des Handys ansehen. Auch die Uhr, Spiele sowie die Funktionen Videos filmen, Daten austauschen und Radio hören sind für die Jugendlichen zwischen 12 und 19 Jahren nur von geringer Bedeutung. DÖRING (2006) betont, dass „also Handy-Funktionen der interpersonalen Kommunikation [dominieren], bei denen die Kinder und Jugendlichen selbst Botschaften erzeugen" (DÖRING 2006, 49). Ein weiterer wichtiger Faktor ist sicherlich, dass die Jugendlichen in der Kommunikation per SMS unabhängig von Ort und Zeit sind sowie ohne Kontrolle der Erwachsenen agieren können (vgl. BECKER/ THIELE 2006, 17).

4.4.3 Handy-Kosten

Laut JIM-Studie 2006 von FEIERABEND und RATHGEB (2006) fallen bei Jugendlichen im Alter von 12 bis 19 Jahren „pro Monat im Durchschnitt 20 Euro" (FEIERABEND & RATHGEB 2006, 48) für die Nutzung des Mobiltelefons an. Dabei haben die Mädchen mit 21 Euro etwas höhere Kosten als die Jungen (19 Euro). Es ist zudem ein Unterschied der monatlichen Handykosten bezüglich der verschiedenen Altersgruppen festzustellen: bei den jüngeren Jugendlichen (12 bis 13 Jahre: 13 Euro, 14 bis 15 Jahre: 19 Euro) fallen monatlich nicht so hohe Kosten an wie bei den älteren Jugendlichen (16 bis 17 Jahre: 21 Euro, 18 bis 19 Jahre: 27 Euro). Bei den Jugendlichen werden rund 90 Prozent der monatlich anfallenden Handykosten von den Jugendlichen selbst beglichen, nur etwa 10 Prozent werden von den Eltern übernommen (vgl. FEIERABEND & RATHGEB 2006, 48). Nach Aussagen der Kids-Verbraucher-Analyse (KVA) 2006 kommen kindliche Handybesitzer im Alter zwischen 6 und 13 Jahren auf durchschnittlich 23,66 Euro im Monat für die Nutzung ihres Mobiltelefons. Dabei werden etwa 11 Euro durch das Kind und etwa 13 Euro durch die Eltern getragen (vgl. KVA 2006).

Insgesamt ist bei den kind- und jugendlichen Handybesitzern die Prepaid-Karte zur monatlichen Abrechung der Nutzungsentgelte weiter verbreitet als der Festvertrag. In der KVA 2006 wird deutlich, dass rund 80% der Kinder im Alter von 6 bis 13 Jahren, die ein Handy besitzen, dieses über eine Prepaid-Karte abrechnen, während der Rest die monatlichen Nutzungskosten über einen Vertrag vergüten, der über die Eltern läuft (vgl. KVA 2006).

FEIERABEND und RATHGEB (2006) verdeutlichen in ihrer JIM-Studie 2006, dass 66% der Jugendlichen zwischen 12 und 19 Jahren ihre Handy-Nutzung über eine Prepaid-Karte abrechnen. Lediglich 34% haben einen Festvertrag. Es ist jedoch auffällig, dass die Jugendlichen mit zunehmendem Alter eher auf einen Vertrag umsteigen. „Während bei den 12- bis 13-Jährigen nur 16 Prozent einen Handy-Vertrag haben, sind es bei den 18- bis 19-Jährigen mit 49 Prozent schon fast die Hälfte" (FEIERABEND & RATHGEB 2006, 49). Die Höhe der monatlichen Nutzungsentgelte unterscheidet sich entsprechend der Altersstruktur deutlich: Jugendliche mit einer Prepaid-Karte geben durchschnittlich 15 Euro aus, während bei den Jugendlichen mit Festvertrag mit rund 30 Euro die Kosten doppelt so hoch sind (vgl. FEIERABEND & RATHGEB 2006, 49).

4.5 Bedeutung von Handys für Kinder und Jugendliche

DÖRING (2006) zitiert in ihrem Aufsatz ‚Handy-Kids: Wozu brauchen sie das Mobiltelefon?' MARTENSTEIN (2004): „Handys sind das Präpubertierenden-statussymbol Nummer eins" (DÖRING 2006, 45). Handys sind für Kinder und Jugendliche eindeutig mehr als nur ein Mobiltelefon. Es lässt sich individuell an die Bedürfnisse des Einzelnen anpassen. TULLY und ZERLE (2006) betiteln das mobile Telefon als einen „besonderen Repräsentanten der soziologischen Individualisierungsthese" (TULLY & ZERLE 2006, 18), wobei Individualisierung im soziologischen Sinne die parallele Teilhabe an verschiedenen sozialen Settings meint. Gleichzeitig wird die Kultivierung eigener Stile und deren Mitteilung an andere mit einbezogen: für Jugendliche wird das Mobiltelefon zum Ausdruck des Geschmacks und somit der eigenen Identität (vgl. TULLY & ZERLE 2006, 18). Das Handy zeigt einen gesellschaftlichen Status an, jemand wird automatisch zum Außenseiter, wenn er kein eigenes Mobiltelefon besitzt. Das INFORMATIONSZENTRUM MOBILFUNK (2004) untermauert diese These: „Moderne Kommunikationstechnologien und insbesondere Mobilfunk gehören mittlerweile fest in die Lebenswelt von Jugendlichen. In Gestalt des Handys ist die Möglichkeit, ortsunabhängig miteinander zu kommunizieren, zum prägenden Moment einer ganzen Generation geworden" (INFORMATIONSZENTRUM MOBILFUNK 2004a, 7). Das Mobiltelefon hat längst in den Kinder- und Jugendzimmern Einzug gehalten und ist somit zum Alltag, sogar zur Grundausstattung für Kinder und

Jugendliche geworden. „Ein Handy zu haben, heißt, dazuzugehören – Teil einer Gruppe zu sein" (INFORMATIONSZENTRUM MOBILFUNK 2004b, 16). Dies ist ein wichtiges Gefühl und sicherlich einer der Gründe für den enormen jugendlichen Nutzerwachstum. Für viele Kinder und Jugendliche spielt aber auch der Sicherheitsfaktor eine große Rolle: Die meisten kind- und jugendlichen Handynutzer fühlen sich sicherer, wenn sie ein Handy bei sich haben, weil es somit schnell möglich ist, Hilfe zu holen (vgl. DÖRING 2006, 53). Auch der Informationsaspekt ist für die Kinder und Jugendlichen von großer Bedeutung. „Informationen über Veranstaltungen und aktuelle Nachrichten lassen sich ganz einfach abrufen" (INFORMATIONSZENTRUM MOBILFUNK 2004b, 16). Vielen Kindern und Jugendlichen ist auch eine durch das Handy bedingte größere Aufgeschlossenheit der Eltern wichtig. So kommt es häufig vor, dass Eltern mehr Freiraum bieten, wenn sie wissen, dass sie ihre Kinder jederzeit über das Handy erreichen können und ihren Kindern dadurch ein größeres Verantwortungsbewusstsein übertragen (vgl. INFORMATIONSZENTRUM MOBILFUNK 2004b, 16).

4.6 Bedeutung von Handys für Menschen mit geistiger Behinderung

Hinsichtlich der Handy-Thematik für Menschen mit geistiger Behinderung gibt es bisher keine bzw. kaum Literatur, die an dieser Stelle zitiert werden kann. Daher ist es notwendig, auf die Literatur bezüglich dieses Themas für Menschen ohne geistige Behinderung zurückzugreifen und diese auf die Zielgruppe dieser Arbeit zu beziehen bzw. Vermutungen anzustellen.

Menschen mit geistiger Behinderung haben im Prinzip vermutlich die gleichen Beweggründe, ein Handy zu nutzen, wie Menschen ohne geistige Behinderung: es ist praktisch, man ist überall erreichbar, kann jederzeit selbst jemanden anrufen, Hilfe holen, SMS schreiben usw. Allerdings erfüllt die Handynutzung von Menschen mit geistiger Behinderung zusätzlich zu dem bereits genannten Nutzen eine sehr wichtige Funktion: es kann das Eigenverantwortlichkeitsgefühl der Anwender erheblich stärken. Mit einem Handy ausgestattet, haben Menschen mit geistiger Behinderung, die im Normalfall mit Betreuung unterwegs sind, auch die Möglichkeit, sich einmal alleine auf den Weg z.B. zum Supermarkt zu machen und sich so stückweise abzulösen und eigenständiger zu werden. Die Eltern, Betreuer,

Lehrkräfte oder sonstige Bezugspersonen haben zusätzlich eine Kontrollmöglichkeit, die auch über Entfernungen umsetzbar ist. Dabei spielt z.B. auch eine Ortungsfunktion eine große Rolle bzw. die Möglichkeit, benachrichtigt zu werden, falls der Handynutzer einen vorher abgesteckten Radius verlässt (vgl. Punkt 4.3.2). Das Handy fungiert als Sicherheitsmedium für den Fall, das etwas passiert oder sich jemand Sorgen macht und sich vergewissern kann, ob die Sorgen begründet sind. So kann das Handy mit dieser Sicherheitsfunktion als psychische Entlastung für alle Beteiligten angesehen werden und der Prozess des langsamen Ablösens vom Elternhaus oder der ständigen Betreuung durch pädagogische Fachkräfte kann durch die Nutzung eines Mobiltelefons erleichtert werden (vgl. FELDHAUS & LOGEMANN 2006, 30ff). Den geistig behinderten Menschen wird mehr Verantwortung gegeben, die jedoch trotzdem an jedem Ort und jederzeit unterstützt werden kann. Durch dieses entgegengebrachte Vertrauen wird das Selbstbewusstsein der geistig behinderten Mobiltelefonanwender gestärkt, ein positives Lebensgefühl kann sich einstellen und das Selbstvertrauen gefördert. Ein weiterer wichtiger Punkt, der die Handynutzung von geistig behinderten Menschen, insbesondere Jugendlichen, rechtfertigt, ist die Funktion der Integrationshilfe. Durch das Mobiltelefon wird das modische In-Sein und die Zugehörigkeit zur aktuellen Mediengeneration von Jugendlichen symbolisiert. Dies betrifft nichtbehinderte Jugendliche genauso wie Jugendliche mit geistiger Behinderung. LUTZ (2003) betont, dass „nichtbehinderte Jugendlich wie behinderte Jugendliche (…) die Leidenschaft, Medien zu nutzen [teilen]" (LUTZ 2003, 151). Die geistig behinderten Jugendlichen, die ein Handy nutzen, können sich zur großen Masse der Handynutzer zugehörig fühlen und auch so kann ihr Selbstbewusstsein gefördert werden.

5. Das Handy im Unterricht mit Kindern und Jugendlichen mit dem Förderschwerpunkt Geistige Entwicklung

5.1 Medien an der Schule für Menschen mit Förderschwerpunkt Geistige Entwicklung

„Kinder und Jugendliche wachsen heran in einer Gesellschaft, in der ihnen täglich vielfältige Informationen durch Medien vermittelt werden. Dies erweitert ihre Vorstellung von Welt, ersetzt aber nicht die Notwendigkeit, die Welt auf eigene Weise wahrzunehmen und eigene unmittelbare Erfahrungen zu machen. Die Informationsvielfalt und die Weiterentwicklung der Medienangebote können dazu beitragen, die durch eine Behinderung häufig eingeschränkten individuellen Möglichkeiten zu erweitern" (LEHRPLAN SONDERPÄDAGOGISCHE FÖRDERUNG 2002, 1). Medien gehören in der heutigen Welt zu unserem Alltag, sie sind ein fester Bestandteil unseres Lebens geworden (vgl. Punkt 3.2). Daher ist es notwendig und sinnvoll, diesen Bestandteil auch Teil des schulischen Alltags in der Schule mit dem Förderschwerpunkt Geistige Entwicklung werden zu lassen. Stichworte wie Medienpädagogik, Medienerziehung und Medienkompetenz sind bekannt und aufgrund dessen halten die Medien immer mehr Einzug in die heutigen Schulen. Besonders wichtig ist der Einbezug der gegenwärtigen Medienvielfalt in der Schule für Menschen mit dem Förderschwerpunkt geistige Entwicklung. Der LEHRPLAN SONDERPÄDAGOGISCHE FÖRDERUNG untermauert dies, indem ausgeführt wird, dass „[sich] die Leitthemen (…) an der Lebens- und Erfahrungswelt der Schülerinnen und Schüler [orientieren sollen]" (LEHRPLAN SONDERPÄDAGOGISCHE FÖRDERUNG 2002, 13). MÜHL (2003) betont, dass der Unterricht an Schulen für Geistigbehinderte „auf konkrete, realitätsgerichtete Aktivitäten und Erfahrungsmöglichkeiten [zielen soll], wobei die gesellschaftliche Realität im Hinblick auf die anzustrebende gesellschaftliche Eingliederung wesentlicher Bestandteil unterrichtlichen Handelns darstellt" (MÜHL 2003, 39). Weiterhin sollen die Schüler eine Einsicht in Chancen und Risiken, die die Veränderungen der wirtschaftlichen, technischen und sozialen Lebensbedingungen bedingen, gewinnen sowie die Folgen für die Gestaltung unserer Lebensverhältnisse abschätzen lernen (vgl. LEHRPLAN SONDERPÄDAGOGISCHE FÖRDERUNG 2002, 10). Neben der großen Vielfalt der

Nutzungsmöglichkeiten der Medien treten auch andere Anforderungen an die Medienanwender. Dies beginnt bei technischen Kompetenzen, die ausgeweitet werden müssen, sowie Kenntnissen über die zahlreichen Anwendungsmöglichkeiten einzelner Angebote und mündet in weiteren Voraussetzungen zur Orientierung und einer sinnvollen Auswahl des immer unübersichtlicher werdenden Angebotsspektrums, die Schülern mit dem Förderschwerpunkt Geistige Entwicklung ebenso vermittelt werden müssen wie Regelschülern. Weitere wichtige Aspekte sind die Bewertung einzelner Angebote anhand selbst entwickelter Kriterien, die Angemessenheit der Mediennutzung sowie deren mögliche Auswirkungen auf Kinder und Jugendliche (vgl. SIX et al 2000, 9).

Das Medium Computer hat längst Einzug in die heutigen Regelschulen gehalten, an der Schule für Geistigbehinderte ist sein Einsatz jedoch häufig noch ein Ausnahmefall. Dabei bietet er zahlreiche Möglichkeiten eines differenzierten Unterrichts, der den Schülern gleichzeitig einerseits praktisch-technische Fähigkeiten vermittelt und andererseits viel Spaß bringt. Im Handel sind zahlreiche CD-ROMS mit Informations- und Lernsoftware erhältlich, die zwar nicht für die Schülerschaft einer Schule mit dem Förderschwerpunkt Geistige Entwicklung entwickelt wurden, aber in jedem Fall anpassungsfähig sind.

Auch der Umgang mit einem Telefon bzw. Handy ist ein wichtiges Themenfeld, das sich im Rahmen des Unterrichts einer Schule für Geistigbehinderte realisieren ließe. Es ist wichtig, dass die Schüler der heutigen Zeit die Nutzung solcher Medien lernen, weil sie überall damit konfrontiert werden und sie in der Lebens- und Alltagswelt von Kindern und Jugendlichen ein fester Bestandteil geworden sind. Weiterhin ist das Ziel, Gleichberechtigung zu ermöglichen und die Integration von Menschen mit Behinderungen in die Gesellschaft zu ermöglichen.

Hinsichtlich der Schülerschaft mit dem Förderschwerpunkt Geistige Entwicklung spielen Medien als Hilfsmittel eine große Rolle. Der Einsatz von Kommunikationshilfsmitteln wie z.B. einem Talker[3] wird geübt und immer wieder erweitert. Auch Taster und Schalter finden im Rahmen der Förderung von Menschen mit schwersten Behinderungen ihren Einsatz.

LUTZ (2003) betont, welch große Bedeutungen Medien für Menschen mit autistischen oder schwersten Behinderungen haben können. Anhand von

---

[3] Ein Talker ist ein programmierbares Kommunikations-Gerät mit Sprachausgabe, also eine elektronische Kommunikationshilfe, die im Rahmen der Unterstützten Kommunikation ihren Einsatz findet (UK-FORUM.DE 2007)

Kommunikationshilfen wie z.B. BigMack[4] usw. haben auch Menschen mit kommunikativen Defiziten die Möglichkeit, sich zu äußern, mit anderen Personen zu kommunizieren und ihre Bedürfnisse mitzuteilen. Weiterhin hebt LUTZ (2003) hervor, dass der „Einsatz von Medien in der Behindertenarbeit (...) aber deutlich weiter gefasst werden [muss], als lediglich Kompensationshilfe für die jeweilige Behinderung zu sein. Vor allem als Bildungsvermittler müssen die Medien auch in der Sonderpädagogik ein Einsatzfeld finden" (LUTZ 2003, 148). Die Medienpädagogik stellt für die Behindertenarbeit eine methodische Erweiterung dar, die nach LUTZ (2003) jedoch viel zu selten genutzt wird. Er zählt Gründe auf wie z.b. exzessiven Medienkonsum als negativen Einfluss auf Kinder und Jugendliche; der Umgang mit Medien wird aus bildungspolitischen Gründen zur Wahrung der Zukunftschancen nicht behinderter Kinder und Jugendlichen eingefordert oder den im Vordergrund stehenden rein technischen Einsatz von Medien, der nur zur Kompensation der Behinderung dient (vgl. LUTZ 2003, 148ff). LUTZ (2003) führt aus, dass Medien als Integrationshilfe wertvolle Dienste leisten können (vgl. Punkt 4.6). Er betont ebenso, dass die Medien durch den „hohen Kompensationsfaktor für manche Behinderungen (...) ein gleichberechtigter Zugang zur Welt der Nichtbehinderten möglich (...) [werden kann] (LUTZ 2003, 151). Abschließend hebt LUTZ (2003) hervor, dass es „in einer Mediengesellschaft unerlässlich [ist], behinderten Menschen den Zugang zu Medien und ihren kreativen Nutzungsmöglichkeiten zu verschaffen" (LUTZ 2003, 151).

5.2 Lehrplanbezug

Das Thema Medien bietet für eine Behandlung im Unterricht den Vorteil, dass es unmittelbar der Lebens- und Erfahrungswelt von Kindern und Jugendlichen entstammt (vgl. WICHELHAUS 2006, 65). Der LEHRPLAN SONDER-PÄDAGOGISCHE FÖRDERUNG (2002) setzt seinen medienpädagogischen Schwerpunkt im Leitthema 13 (Informationen gewinnen und verarbeiten – mit Medien gestalten). An dieser Stelle wird betont, dass die Schüler „vom Einsatz der Informations- und Kommunikationstechnologien in ihrer jetzigen und zukünftigen

---

[4] Ein Big-Mack ist ebenfalls ein programmierbares Kommunikations-Gerät der Unterstützten Kommunikation (UK-FORUM.DE 2007)

Lebens- und Arbeitswelt betroffen [sind]" sowie „ein bewusster Umgang mit ihnen und eine kompetente Nutzung der Medien (...) dem eher rezeptiven Medienkonsum entgegen [steuert]" (LEHRPLAN SONDERPÄDAGOGISCHE FÖRDERUNG 2002, 31ff). Die Schüler finden eine Unterstützung bei der Bewältigung der Informationsflut und werden im Unterricht eigeninitiativ, selbstständig und selbstverantwortlich hinsichtlich der Kompetenz zur Kommunikation und Kooperation gefordert. Das Thema dieser Arbeit, das Handy, wird im Rahmen des Leitthemas 13 gemeinsam mit dem Telefon und dem Fax als mögliches Handlungsfeld aufgeführt (vgl. LEHRPLAN SONDERPÄDAGOGISCHE FÖRDERUNG 2002, 31ff). Aufgrund der gleichen und übergreifenden Bildungsziele müssen sowohl der LEHRPLAN GRUNDSCHULE SCHLESWIG-HOLSTEIN (2002) als auch der LEHRPLAN SEKUNDARSTUFE I SCHLESWIG-HOLSTEIN (2002) einbezogen werden. Im LEHRPLAN GRUNDSCHULE (2002) werden die Medien im Rahmen des Deutschunterrichts unter dem Aspekt Mediengesellschaft aufgegriffen. Das Handy wird nicht im Speziellen erwähnt, wird aber zu den neuen Medien gezählt (vgl. Punkt 3.1). Hinsichtlich des Heimat- und Sachunterrichts finden sich die neuen Medien im 6. Lernfeld: Technik/ Medien/ Wirtschaft für die Klassenstufe 3 ‚Neue Medien kennen lernen: Computer, Video'. Auch hier findet das Handy keine spezielle Erwähnung, kann aber dazu gezählt werden (vgl. LEHRPLAN GRUNDSCHULE 2002). Im LEHRPLAN SEKUNDARSTUFE I wird das Handy im Fach Deutsch ebenfalls unter dem Aspekt Mediengesellschaft aufgegriffen (vgl. LEHRPLAN SEKUNDARSTUFE I 2002). Weiterhin wird ein Schwerpunkt im Bereich Naturwissenschaften gesetzt, in dem das Telefon (und dazu zählend auch das Handy) im Fach Physik zum Thema ‚Wir kommunizieren' eingeordnet wird (vgl. LEHRPLAN SEKUNDARSTUFE I 2002). Auch in den Fächern Wirtschaftslehre und Wirtschaft/ Politik wird das Handy im Sinne von Fragestellungen des Konsums abgehandelt: ‚Chancen und Herausforderungen in der Konsumgesellschaft' ist ein Thema in der Sekundarstufe I (vgl. LEHRPLAN SEKUNDARSTUFE I 2002).

5.3 Kriterien für das Üben des Umgangs mit Handys im Unterricht an einer Schule mit dem Förderschwerpunkt Geistige Entwicklung

LUTZ (2003) betont, dass die Medienarbeit im Bereich der Geistigbehindertenarbeit sich schwerer gestalten lässt als in anderen Bereichen. Weiterhin führt LUTZ (2003) die Notwendigkeit von Medienkompetenz als Bildungsauftrag an, deren Vermittlung sich in diesem Bereich am schwersten gestaltet (vgl. LUTZ 2003, 150). Trotzdem kann die Medienarbeit vielfältige Aufgaben in der Sonderpädagogik übernehmen (vgl. Punkt 5.1). Aber gerade das Medium Handy sollte nicht ohne gründliche Vorüberlegungen im Unterricht mit Kindern und Jugendlichen mit geistiger Behinderung eingesetzt werden. Zunächst sollen verschiedene Einsatzmöglichkeiten von Handys bzw. Mobilfunk aufgezeigt werden.

Das Handy lässt sich in vielerlei Hinsicht im Unterricht einsetzen, daher ist es in manchen Punkten schwierig, die Inhalte bestimmten Fächern zuzuordnen, so dass die meisten Themen fächerübergreifend unterrichtet werden müssen.

Im Bereich Deutsch gibt es unter dem Aspekt ‚Mediengesellschaft' (vgl. Punkt 5.2) die Einsatzmöglichkeiten bezüglich des Einflusses von Handys auf das Kommunikationsverhalten von Kindern und Jugendlichen sowie die Veränderungen von Sprache, Schrift und Gesprächsverhalten dieser Zielgruppe (vgl. SCHULPROJEKT MOBILFUNK 2004c, 3ff). Die Entwicklung des Mobilfunks sowie Grundlagen der Handytechnik können im Rahmen des Geschichts- und Physikunterrichts unterrichtet werden. Hierzu zählen auch Aspekte wie Strahlungen, elektromagnetische Wellen und Schülerversuche zum Verbindungsaufbau und Empfangstests (vgl. SCHULPROJEKT MOBILFUNK 2005, 3ff u. BECKER & THIELE 2006, 12). Die Fächer Sozialkunde und Wirtschaft/ Politik werden unter den Gesichtspunkten des gesellschaftlichen Wandels durch das Medium Handy, das Handy als Schuldenfalle sowie Mobilfunkverträge angesprochen (vgl. SCHULPROJEKT MOBILFUNK 2004a 3ff). Ebenfalls können im Fach Sozialkunde Aspekte wie Jugendliche als Konsumenten, Gruppenverhalten, Werbung und Mediennutzung, Medienkonsum und Kommunikationsverhalten durch neue Medien behandelt werden (vgl. SCHULPROJEKT MOBILFUNK 2004b 3ff u. BECKER & THIELE 2006, 12). Ein wichtiger Unterrichtsgegenstand des Faches Biologie sind gesundheitliche Risiken und Prävention. Das Fach Mathematik kann in diesem Zusammenhang anhand von Handytarif-Vergleichen Berücksichtigung finden (vgl.

BECKER & THIELE 2006, 13). Diese Unterrichtsvorschläge beziehen sich überwiegend auf das 5. bis 10. Schuljahr an Regelschulen. Die Inhalte können nur teilweise und in sehr vereinfachter Form für den Unterricht an einer Schule für Geistigbehinderte übernommen werden. Für diese Zielgruppe sollte der Hauptgegenstand des Unterrichts erst einmal das Handy selbst sein. So sollten z.B. die Bestandteile eines Mobiltelefons genauer betrachtet und gemeinsam erarbeitet werden (vgl. Punkt 5.4), damit die Schüler die wesentlichen Voraussetzungen für das Telefonieren mit einem Handy kennen lernen (vgl. SCHULPROJEKT MOBILFUNK 2005, 12). Weiterhin sollte das Üben des Umgangs mit dem Handy im Mittelpunkt des Unterrichts stehen. Um dies zu ermöglichen, sind im Folgenden Überlegungen zu Kriterien zum Üben des Umgangs mit Handys im Unterricht mit Schülerinnen und Schülern mit geistiger Behinderung dargestellt:

1. das Medienangebot entsprechend der kognitiven Fähigkeiten der einzelnen Schüler aussuchen bzw. Gruppen bilden, in denen gearbeitet wird
2. individuelles Lernverhalten berücksichtigen
   - kleinschrittiges Vorgehen
   - Wiederholungen ermöglichen
   - Bildliche Unterstützungen geben (Symbolkarten, die entsprechend der gelernten Menüführung in die richtige Reihenfolge gebracht werden o. ä.)
3. Anschauungsmaterial bereitstellen (günstige Handys aus dem Schuletat einkaufen, damit zumindest zu zweit an einem Gerät gearbeitet werden kann oder ausrangierte, noch funktionierende Handys besorgen; Möglichkeiten zum Ausprobieren geben)
4. Qualität des Handys bzw. der Menüführung (sind Aufbau und Inhalt für die Schüler verständlich?)
5. Handys als Lehrmittel: Angebote über den normalen Telefon- oder SMS-Gebrauch hinaus anleiten (z.B. mit älteren Schülern Fotos machen, diese am Computer bearbeiten und daraus ein Puzzle o. ä. herstellen; Videos drehen usw.)
6. Medien-Erfahrungen der Schüler hinsichtlich Handys und deren Umgang nutzen (vielleicht findet sich ein Experte unter den Schülern)
7. Medienkenntnisse der Lehrkraft nutzen
8. Medienausstattung der Schule (siehe auch bei 3.) berücksichtigen

5.4 Unterrichtsvorschläge eines Handy-Trainingskurses als Anregung für die schulische Arbeit

Ein Trainingskurs zur Übung des Umgangs mit dem Handy an einer Schule für Geistigbehinderte könnte am besten im Rahmen eines Kursunterrichts stattfinden. Nicht alle Schüler haben Interesse an einem Mobiltelefon und können sich vorstellen, überhaupt jemals so ein Gerät zu benutzen oder es sogar zu besitzen. Daher ist es sinnvoll, einen so genannten ‚Handy-Kurs' zu gründen, der sich bei großem Interesse von Seiten der Schülerschaft in zwei oder drei kleinere Gruppen aufteilt. Diese Aufteilung könnte nach Handy-Erfahrungen bzw. bereits bestehenden Kenntnissen oder nach Alter geschehen. Vorteilhaft bei einer Aufteilung nach dem Alter ist die Möglichkeit, unter den Schülern einen oder mehrere Handy-Experten zu haben, die ihren Mitschülern zusätzliches Handy-Wissen vermitteln können. Bei einer Aufteilung nach den bereits bestehenden Kenntnissen ist der Vorteil, die Differenzierung leichter gestalten zu können, weil alle Schüler mit Erfahrungen in einem Kurs sind und alle Schüler ohne Vorkenntnisse in einem anderen. Um die Schüler für ein solches Thema zusätzlich zu motivieren, könnte man einen so genannten Handyführerschein als Endprodukt eines Handy-Kurses anbieten. Bezüglich des unterschiedlichen Lerntempos, das die Heterogenität der Schüler einer Schule mit dem Förderschwerpunkt Geistige Entwicklung mit sich bringt, könnte es sich als sinnvoll erweisen, verschiedene Variationen des Handyführerscheins anzubieten wie z.B. einen Handyführerschein für Anfänger, Fortgeschrittene und Profis. So haben die Schüler, die bereits über Mobiltelefon-Erfahrungen verfügen, auch die Möglichkeit, noch etwas dazuzulernen und einen Profi-Führerschein zu erwerben.

Aufgrund der Vielfältigkeit der Schülerschaft sowie der Unterschiedlichkeiten der Handy-Modelle ist es notwendig, im Rahmen des Kursunterrichts zum Thema Handy mit mindestens zwei Lehrkräften zu unterrichten. Auch der Einbezug von Schülern mit viel Handy-Erfahrung ist hinsichtlich eines solchen Kurses sehr wertvoll. In Bezug auf einen Handy-Kurs, in dem den Schülern wichtige Grundfunktionen des Mobiltelefons näher gebracht werden sollen, ist es unverzichtbar, mehrere Geräte zur praktischen Übung zur Verfügung zu stellen. So könnten die Schüler z.B. in Partnerarbeit die gelernten Funktionen ausprobieren und somit vertiefen. Dies lässt sich wahrscheinlich schwer verwirklichen, vor allem im Hinblick darauf, dass die Schüler des Fortgeschrittenen- und Profi-Kurses sicherlich auch daran interessiert sind, zu lernen, wie man mit dem Handy Fotos und kurze Videofilme erstellt und verschickt und daher neben einfachen Geräten für den Anfänger-Kurs auch komplexere Geräte benötigt werden (vgl. Punkt 4.3.1). Diesbezüglich wäre es denkbar, vor Beginn eines Handy-Kurses einen Eltern-Info-Abend zu veranstalten, auf dem mit den betroffenen Eltern (die Eltern der Schüler, die an dem Profi-Kurs teilnehmen möchten) besprochen werden könnte, wie solch ein Problem zu lösen wäre. Vielleicht erklären sich einige der Eltern bereit, ihrem Kind ein einfaches bzw. komplexes Handy anzuschaffen, weil es sowieso bereits im Gespräch war und sie in einem Handy-Kurs die Chancen für ihr Kind entdecken. Sollten sich keine Eltern bereitwillig zeigen, bleibt die Überlegung, über die Schule mehrere Geräte zu beziehen.

In Bezug auf den Einstieg des Handykurses für Anfänger ist es sinnvoll, zunächst mit den Schülern ein Handy genauer zu betrachten und gemeinsam die Bestandteile eines Gerätes (wie z.B. Display, SIM-Karte, Antenne (wenn vorhanden), Tastatur, Akku, Lautsprecher, Mikrofon, Verbindungstaste sowie Start-/Endetaste) zu erarbeiten. Dabei sollten auch die Namen der Bestandteile und deren Herkunft als Inhalt des Unterrichts aufgegriffen werden (z.B. Abkürzungen, englische Begriffe). Ein weiterer Schritt im Anfänger-Kurs ist das Üben des Ein- und Ausschaltens des Handys. Dieses kann anhand einer bildlichen Unterstützung erfolgen wie z.B. mit Symbolkarten, auf denen jeder einzelne Handlungsschritt zu sehen ist, sowie durch die praktische Übung gefestigt werden. Nach erfolgreicher Übung des Ein- und Ausschaltens des Mobiltelefons ist es sinnvoll, sich der Thematik zu widmen, jemanden anzurufen und Anrufe entgegen zu nehmen. Diese Funktionen sind für die Schülerschaft einer Schule für Geistigbehinderte genauso wichtig wie für Kinder und Jugendliche ohne geistige Behinderung. Auch diese Funktionen können von den Lehrkräften sowie von Mitschülern mit bestehenden Mobiltelefon-Erfahrungen anhand von Bildkarten vermittelt werden. Dabei könnten von den Schülern z.B. die Bildkarten mit einzelnen Schritten in die richtige Reihenfolge gebracht werden (z.B. wie das Handy eingeschaltet, eine Nummer über die Tastatur eingegeben, die grüne Taste gedrückt und das Handy ans Ohr gehalten wird). Auch Kenntnisse im Einspeichern von Telefonnummern in das im Handy integrierte Telefonbuch sowie bereits eingespeicherte Nummern aufzurufen sind ein möglicher Unterrichtsinhalt eines Handy-Kurses. Die Schüler können dies ebenfalls anhand von Symbolkarten mit einzelnen Handlungsschritten besser mitverfolgen und dies mit praktischen

Übungen kombinieren. Im Rahmen des Anfänger-Kurses wären folgende Unterrichtsinhalte zusätzlich denkbar:

- ➤ Das Aufrufen von Anrufen in Abwesenheit
- ➤ Das Einstellen der Uhrzeit, eines Klingeltons und Änderung der Lautstärke
- ➤ Das Lesen einer empfangenen SMS
- ➤ Ggf. das Verfassen einer SMS (diese Funktion als Unterrichtsinhalt könnte eher in dem Fortgeschrittenen-Kurs erarbeitet werden und ist zudem davon abhängig, dass die Schüler die Kulturtechniken Lesen und Schreiben beherrschen (vgl. Punkt 2.3)

Bezüglich eines Handy-Kurses mit dem Ziel ‚Handyführerschein für Fortgeschrittene' wäre ein Einstieg, genau wie bei dem Anfänger-Kurs, mit der Erarbeitung der Bestandteile eines Handys denkbar. Dabei ist es sinnvoll, je nach Zusammensetzung der Lerngruppe zu entscheiden, ob dieser Thematik viel Zeit gewidmet werden soll oder ob eine kurze Wiederholung ausreicht, um danach andere Inhalte erarbeiten zu können. Ebenfalls sollten im Fortgeschrittenen-Kurs das Ein- und Ausschalten des Handys besprochen werden, weil dies ein wichtiger Schritt im Umgang mit einem Handy ist. Auch hier sollte je nach Lerntempo der Gruppe entschieden werden, wie vertiefend diese Thematik behandelt werden sollte. Genauso verhält es sich bei den anderen Funktionen, die die Schüler des Anfänger-Kurses erarbeiten: je nach Lerngruppenstärke des Fortgeschrittenen-Kurses sollte beurteilt werden, ob die Inhalte bei den Schülern des Fortgeschrittenen-Kurses gefestigt sind oder noch einmal wiederholt werden sollten. Als zusätzliche Lerninhalte für den Unterricht des Fortgeschrittenen-Handy-Kurses wären folgende Aspekte möglich:

- ➤ Das Verfassen und Verschicken einer SMS (diese Funktion setzt bei einem normalen Handy voraus, dass die Schüler die Kulturtechniken Lesen und Schreiben beherrschen)
- ➤ Das Verschicken von Daten (z.B. eines Klingeltons, Logos oder Bildes)
- ➤ Das Ändern von dem Hintergrundbild im Display, des Klingeltons und des Profils (z.B. lautlos, Vibration)
- ➤ Die Nutzung des Terminplaners (z.B. Eintragen von Geburtstagen), des Weckers und der Spiele

Auch im Fortgeschrittenen-Kurs kann neben praktischen Übungen mit einem Handy eine bildliche Unterstützung den Schülern helfen, die gelernten Inhalte zu festigen und zu verinnerlichen.

Im Rahmen eines Handy-Kurses mit dem Ziel ,Handyführerschein für Profis' ist zu Beginn ebenfalls eine Wiederholung der im Anfänger- und Fortgeschrittenen-Kurse besprochenen Unterrichtsinhalte sinnvoll. Dabei sollte ebenso je nach Lerngruppe entschieden werden, wie zeitintensiv und vertiefend die Wiederholung gestaltet sein sollte. Wie bereits erwähnt, verlangt ein Profi-Kurs die Nutzung von komplexen Mobiltelefonen. Hinsichtlich dessen ist es sinnvoll, die Bestandteile eines solchen Gerätes mit den Schülern zu erarbeiten, weil sie sich von denen der einfacheren Geräte unterscheiden (z.b. Kamera, MP3-Player). Auch die Menüführung eines komplexen Handys sollte Schwerpunkt im Unterricht des Profi-Kurses sein, weil auch diese schwieriger zu handhaben ist. Bezüglich eines Profi-Handy-Kurses wären zusätzlich folgende Unterrichtsinhalte denkbar:

➢ Das Empfangen und Versenden von MMS
➢ Das Ändern des Netzes (Netzwahl)
➢ Das Erstellen von Fotos und Videos
➢ Die Bearbeitung von Fotos und Videos mit dem Handy und dem Computer (dies erfordert gewisse Computer-Erfahrungen der Schüler)
➢ Die Nutzung des Handys zum Musik hören, um ins Internet zu gehen oder fernzusehen

Der Profi-Kurs verlangt ebenso zahlreiche praktische Übungen, die von den Schülern durchgeführt werden und vielfältige bildliche Unterstützungen. So kann gewährleistet werden, dass die Schüler die Unterrichtsinhalte aufnehmen und vertiefen.

Hinsichtlich eines Handy-Kurses in einer Schule für Geistigbehinderte ist es notwendig, nicht nur praktische Übungen anzubieten und anschauliche Hilfen zur Verfügung zu stellen, sondern zusätzlich auch Gespräche über mögliche negative Seiten von Handynutzung anzuleiten. Die Inhalte dazu sollten sich ebenfalls nach der Lerngruppe richten und zwischen Anfänger-, Fortgeschrittenen- und Profi-Kurs differenziert angeboten werden. Mögliche Themen dazu wären z.B.:

➢ Handyverträge bzw. Prepaid-Handys
➢ Mögliche Vorteile und Nachteile von Handys (z.B. ständige Erreichbarkeit: Vor- oder Nachteil?)
➢ Gefahren, die Handys mit sich bringen können (z.B. Süchte, Schulden)
➢ Kosten, die für einzelne Funktionen anfallen (z.B. Kosten einer SMS, eines Telefonats oder sich im Internet einzuwählen)

Die Schüler können anhand solcher Unterrichtsinhalte einen kritischeren Umgang mit dem Handy lernen und werden so dazu angeleitet, erst einmal zu überlegen bevor sie handeln.

Es erweist sich in der Schule für Geistigbehinderte sicherlich als zweckmäßig, die gemeinsam erarbeiteten Inhalte auf Plakaten an den Wänden des Klassenraumes festzuhalten. So haben die Schüler auch außerhalb des Kursunterrichtes die Möglichkeit, sich die bereits behandelten Themenfelder eigenständig anzusehen, zu wiederholen und sie so zu verinnerlichen.

6. Untersuchung

6.1 Vorstellung und Begründung der Untersuchungsmethode

Die Basis der Untersuchung bildet eine trianguläre Befragung der Parteien Kind – Eltern – Lehrer. Bezüglich des Themenfeldes dieser Arbeit bezieht sich der Gebrauch von Handys überwiegend auf das Kind. Daher wird das Kind in diesem Fall zum Experten für die Beweggründe und Bedürfnisse der Nutzung. Um auch statistische Werte zu bekommen, werde ich zunächst in jeder Klasse eine kurze Umfrage durchführen, die darauf zielt, zu erfahren, wie viele Schüler überhaupt ein Handy besitzen bzw. sich eins wünschen. Die Eltern sind meistens die erste Bezugsperson des Kindes und werden daher mit in die Untersuchung einbezogen. Die Lehrer stellen ebenso eine feste Bezugsperson für das Kind dar, weil die Kinder einen Großteil ihrer Zeit in der Schule verbringen. Ein weiterer Aspekt der Untersuchung ist der Einsatz von Handys als Unterrichtsgegenstand. In diesem Zusammenhang werden die Lehrkräfte zu Experten und werden demzufolge in die Untersuchung mit einbezogen.

6.1.1 Umfragen im Klassenverband

Um auch statistische Werte bezüglich des Handybesitzes bzw. des Handywunsches von Kindern und Jugendlichen mit dem Förderschwerpunkt geistige Entwicklung zu bekommen, werde ich im Rahmen der Untersuchung Umfragen in den Mittelstufen-, Oberstufen- und Werkstufenklassen durchführen. Diese werde ich in kurzen Gesprächen im Klassenverband einplanen. Dabei haben die Schüler neben einem Gespräch über den Handybesitz oder den Wunsch, eins zu besitzen, die Möglichkeit, sich allgemein zum Thema Handy zu äußern und mit den Mitschülern gemeinsam zu überlegen, welche Gründe dafür oder dagegen sprechen, sich ein Handy zu kaufen. Der Vorteil dieser ersten Umfrage innerhalb des Klassenverbandes ist zum einen ein erstes Herantasten an das Thema und zum anderen eine Möglichkeit, einen oder zwei geeignete Interviewpartner herauszufiltern. Als geeignet zeigen sich in diesem Fall Schüler, die einerseits über die Möglichkeit der sprachlichen Äußerung und andererseits über ein Handy bzw. zumindest ein Handyinteresse verfügen. Diese beiden Kriterien sind wichtig, um ein Interview überhaupt durchführen zu können.

6.1.2 Schüler-Interviews

Ein Teil der Untersuchung hinsichtlich der Thematik dieser Arbeit, die ich mit Schülern der Mittelstufen-, Oberstufen- und Werkstufenklassen durchgeführt habe (vgl. Punkt 6.2) gestaltet sich als ein Fragebogen-Interview. Dieser Form des Interviews liegt ein vorbereiteter Fragebogen zugrunde, in dem die Fragen nach einer vorher festgelegten Reihenfolge vom Befragten beantwortet werden. „Das dient [wie ein Leitfaden-Interview auch] zum einen einer gewissen Standardisierung der verschiedenen Interviews und erleichtert später die Vergleichbarkeit der Interviews untereinander, es entlastet aber auch den Interviewenden" (FRIEBERTSHÄUSER 1997, 376). Dadurch sind wie bei einem Leitfaden-Interview eine Einschränkung der Interviewthematik sowie die Vorgabe einzelner Themenkomplexe möglich. Weiterhin ist eine gewisse Vergleichbarkeit der Ergebnisse verschiedener Einzelinterviews gesichert (vgl. FRIEBERTSHÄUSER 1997, 375). Das Fragebogen-Interview bietet sich für die Schüler-Untersuchung an, weil auf diesem Weg ein rascher Zugang zum Forschungsfeld möglich ist (vgl. FRIEBERTSHÄUSER 1997, 371) und die Schüler nach der gestellten Frage erst einmal die Möglichkeit haben, sich frei zu äußern. Sollten die Befragten zu einzelnen Fragen keine Antworten oder eigene Erfahrungen nennen, können die vorformulierten Antworten vom Interviewenden vorgetragen werden, so dass der Befragte eine Auswahlmöglichkeit hat. Weiterhin ist zur Beantwortung des Fragebogens ein Interview sinnvoll, weil die Lese- und Schreibfähigkeiten der Zielgruppe der Schüler teilweise nicht voll ausgebildet sind und das eigenständige Ausfüllen eines Fragebogens einerseits den zeitlichen Rahmen gesprengt hätte und andererseits die Auswertung aufgrund von evtl. unleserlichen Handschriften erschwert würde. Zudem ist durch ein Interview gesichert, dass die zu befragenden Schüler die Fragen richtig verstehen und sonst ggf. noch Ergänzungen vom Interviewenden gegeben werden können.

6.1.3 Eltern- und Lehrer-Fragebogen

Im Bezug auf den Teil der Untersuchung, in den die Eltern und Lehrer mit einbezogen werden sollen, bietet sich aufgrund der hohen Anzahl der zu befragenden Eltern und Lehrer eine schriftliche Befragung an. Diese ist kostengünstiger und kann so den finanziellen Rahmen nicht sprengen. Weiterhin ist in diesem Fall ist eine postalische Befragung sinnvoll, d.h. die befragten Personen füllen den Fragebogen ohne Mitwirkung des Interviewers aus. Dies setzt voraus, dass der Fragebogen transparent und verständlich gestaltet ist (vgl. BORTZ & DÖRING 2002, 256). Der Fragebogen umfasst 10 geschlossene Fragen mit verschiedenen Antwortmöglichkeiten. Bei jeder Frage haben die Befragten jedoch die Gelegenheit, eigene Anregungen zu ergänzen. Die Form der geschlossenen Fragen ist aufgrund der besseren Vergleichbarkeit der Ergebnisse für die Auswertung vorteilhaft. Weiterhin ist diese Form der Fragebögen erfolgversprechend, weil die Befragten Fragen mit Antwortvorgaben den offenen Fragen vorziehen (vgl. BORTZ & DÖRING 2006, 254). Es kann passieren, dass bei offenen Fragebogenformulierungen der „Befragte aus Angst vor Rechtschreibfehlern oder stilistischen Mängeln nur kurze, unvollständige Antworten (...) [formuliert]" (BORTZ & DÖRING 2006, 254). Für die unterschiedlichen Adressatengruppen Eltern und Lehrer habe ich die Fragebögen ein wenig unterschiedlich gestaltet. Diese gleichen sich in der Optik sowie in der Anzahl der zu beantwortenden Fragen und unterscheiden sich lediglich in den Schwerpunkten. Während die Eltern zum Handygebrauch ihrer Kinder befragt werden, beantworten die Lehrer Fragen zu allgemeinen Handygewohnheiten der Schüler sowie Erfahrungen, die sie mit handynutzenden Schülern gemacht haben. Den Elternfragebögen ist ein über die Untersuchung informierende Elterninfo-Brief vorausgegangen (vgl. Punkt 6.3.1). Zudem erhalten die Eltern mit dem Elternfragebogen ein Begleitschreiben, in dem die Situation noch einmal erläutert wird und ein Rücklauftermin für die Fragebögen bekannt gegeben wird. Dadurch erhoffe ich eine möglichst hohe Rücklaufquote zu erzielen. Den Lehrerfragebögen liegt kein Begleitschreiben bei, weil ich zur Austeilung dieser den persönlichen Kontakt suche und dabei Erläuterungen zu den Bögen machen werde. Der Rücklauftermin der Lehrerfragebögen wird dem Kollegium einerseits mitgeteilt, andererseits ist er auch noch einmal auf den Bögen vermerkt.

6.2 Voraussetzungen der Befragungsgruppe

Die Schule am Markt in Süderbrarup, die zum Kreis Schleswig-Flensburg gehört, ist ein Förderzentrum mit dem Förderschwerpunkt Geistige Entwicklung, das seit Beginn des Schuljahres 1998/99 als selbstständige Schule für Geistigbehinderte besteht. Süderbrarup liegt im Zentrum der Landschaft Angeln und daher ist der Charakter der Schule, der Schülerschaft sowie der Umgebung sehr ländlich geprägt. Die Schule am Markt unterrichtet im Schuljahr 2007/08 66 Schüler zwischen 6 und 18 Jahren. Die Schüler werden in 8 Klassen z. T. stufenübergreifend unterrichtet. Schwerpunktmäßig bestehen drei Unterstufen (U1, U2, U1/2/3), eine Mittelstufe (M2), zwei Oberstufen (O1, O3) sowie zwei Werkstufen (W1, W2). Zurzeit sind in der Schule am Markt 13 Sonderschul- und Fachlehrer, eine Erzieherin, drei Kinderpflegerinnen, eine Anwärterin für das Lehramt an Sonderschulen sowie zwei Ein-Euro-Kräfte, drei Zivildienstleistende, zwei Praktikantinnen und eine Mitarbeiterin im Freiwilligen Sozialen Jahr tätig.

Bei der Schülerschaft besteht neben dem Förderschwerpunkt Geistige Entwicklung zum Teil auch Förderbedarf in den Schwerpunkten Lernen, Körperliche und motorische Entwicklung sowie Sprache. Der Unterricht in der Schule am Markt wird bezüglich der Themenwahl häufig an den Interessen und dem konkreten Lebenszusammenhang der Schüler orientiert gestaltet. So steht für ältere Klassenstufen auch der Umgang mit dem Computer auf dem Stundenplan. Diesem medienpädagogischen Ansatz könnte auch das Thema Handy zugefügt werden (vgl. SCHULPROGRAMM SCHULE AM MARKT 2007).

Im Rahmen der Themenstellung dieser Arbeit werden die Schüler der Mittel-, Ober- und Werkstufe Berücksichtigung finden, weil sie mit dem Alter zwischen 11 und 18 Jahren zu den typischen Altersgruppen der kind- und jugendlichen Handynutzer zählen (vgl. Punkt 4.4). Im Rahmen der Untersuchung ist es wichtig zu erwähnen, dass die berücksichtigten Kinder und Jugendlichen mit dem Förderbedarf Geistige Entwicklung bereits teilweise die Pubertät erreicht haben, so dass sich zu der Heterogenität der Zielgruppe auch in Bezug dessen Schwierigkeiten ergeben könnten.

6.3 Vorgehensweise

6.3.1 Vorarbeit

Im Vorfeld der Untersuchung habe ich Kontakt zu einer Schule für Menschen mit dem Förderschwerpunkt Geistige Entwicklung aufgenommen, um dort meine Untersuchung durchführen zu können. Die von mir ausgewählte Schule ist mir aus dem Blockpraktikum bekannt. Ich habe mit dem Schulleiter mehrere Gespräche bezüglich des Ablaufs der Untersuchung geführt und mit ihm gemeinsam die mit in die Untersuchung einzubeziehenden Klassen festgelegt. Weiterhin habe ich mit den Klassenleitungen Termine für die Durchführung abgeklärt, so dass ich an zwei Tagen die Untersuchung durchführen konnte. Ferner habe ich einen informierenden Elternbrief (vgl. Punkt 11.1) erstellt, der den Schülern der Mittelstufen-, Oberstufen- und Werkstufenklassen mit nach Hause gegeben werden sollte. In diesem bitte ich um das Einverständnis einer mit Tonband aufgezeichneten Umfrage und eines Interviews und nutze den Elternbrief gleichzeitig als Informationsschreiben, das die Eltern über die demnächst durchgeführte Untersuchung aufklärt und schon einmal den damit verbundenen Elternfragebogen ankündigt. Die Einverständniserklärungen sollten unterschrieben zu einem bestimmten Termin wieder mit in die Schule gegeben werden. Dabei kristallisierten sich 18 von 41 Schülern heraus, deren Eltern das Einverständnis für ein Interview gaben.

6.3.2 Erstellung der Fragen

In diesem Abschnitt erfolgen die Beschreibungen der Umfragen im Klassenverband, des Gesprächsleitfadens der Schüler-Interviews sowie des Eltern- und Lehrerfragebogens.
Bei der Erstellung der Fragen für die verschiedenen Adressaten ist es wichtig, die sprachlichen Ausdrucksfähigkeiten zu berücksichtigen. Dabei sollte sich „die sprachliche Gestaltung eines Fragebogens (...) immer auf die Sprachgewohnheiten der zu untersuchenden Zielgruppe (...) [anpassen]" (BORTZ & DÖRING 2002, 253),

da sie unterschiedliche Voraussetzungen mitbringen wie z.B. sprachliche und intellektuelle Bedingungen oder bereits vorhandenes Wissen bezüglich des Themas. Weiterhin sind bestimmte Regeln für eine gelungene Fragebogenkonstruktion (für die Eltern- und Lehrer-Fragebögen) zu beachten. PORST (2000) nennt u. a. folgende Aspekte:

> einfache unzweideutige Begriffe verwenden, die von allen Befragten in gleicher Weise verstanden werden
> lange und komplexe Fragen vermeiden
> doppelte Stimuli und Verneinungen vermeiden
> Unterstellungen und suggestive Fragen vermeiden
> Antwortkategorien verwenden, die erschöpfend und überschneidungsfrei sind

(vgl. BORTZ & DÖRING 2002, 255)

Die Umfragen im Klassenverband sind sehr offen gestaltet (vgl. Punkt 11.2). Die von mir gestellten Fragen beziehen sich einerseits auf die Anzahl der Schüler der Klasse sowie die Unterteilung der Geschlechter und andererseits auf die Anzahl der Handybesitzer bzw. der Schüler, die sich ein Handy wünschen. Auch diese werden innerhalb der Geschlechter unterteilt. Des Weiteren werde ich ein Gespräch anleiten über die Gründe die für oder gegen einen Handybesitz sprechen. Dabei haben die Schüler die Gelegenheit, ihre Vorlieben oder Abneigungen bezüglich der Handynutzung kundzutun.

Der Fragebogen für das Schüler-Interview umfasst 14 Fragen (vgl. Punkt 11.3). Dies erscheint auf den ersten Blick sehr lang, die Fragen sind jedoch nicht komplex und knüpfen an die Interessen der Befragten an. Der Einstieg in das Thema ist durch die vorausgehende Umfrage im Klassenverband gegeben, daher wissen die Schüler, um welche Thematik es in diesem Interview geht. Mit der ersten Frage bezüglich der Erfahrungen, die der Befragte mit Handys gemacht hat (vgl. Punkt 11.3, Frage 1), bekommt der befragte Schüler die Möglichkeit, zu schildern, in welcher Form er ein Handy nutzt und ob die Erlebnisse mit diesem Medium positiv oder negativ sind. Bei der Beantwortung dieser Frage wird zudem bereits erhofft, eine Erkenntnis darüber zu gewinnen, welchen Stellenwert das Mobiltelefon im Leben des Befragten einnimmt. Die Frage nach dem Erhalt des Handys (vgl. Punkt 11.3, Frage 2) berücksichtigt den medienunterstützenden Aspekt vom Schüler selbst oder von Seiten der Eltern oder Freunden. Die darauf folgenden Fragen (vgl. Punkt 11.3, Frage 3+4) sollen Aufschluss über den Bedeutungsaspekt des Handys für den

Schüler (vgl. Punkt 4.6) sowie die am meisten genutzten Funktionen geben. In den Fragen 5 und 6, in denen nach den Funktionen gefragt wird, die der Schüler besonders gut beherrscht (vgl. Punkt 11.3, Frage 5) bzw. die er noch üben muss (vgl. Punkt 11.3, Frage 6), bekommt der Schüler die Möglichkeit zur Selbstreflexion bzw. eigenen Einschätzung. Dies soll dem Schüler ermöglichen, sich auch in andere hineinzuversetzen, die mit bestimmten Funktionen gut zurechtkommen, die selbst nicht beherrscht werden oder umgekehrt. Weiterhin können diese Fragen Antworten auf die Notwendigkeiten der in Punkt 4.3.3 beschriebenen Kriterien für Handys für Menschen mit geistiger Behinderung geben. Die beiden nachfolgenden Fragen beziehen sich auf das Handy als Unterrichtsgegenstand (vgl. Punkt 11.3, Frage 7+8). Der Schüler soll beurteilen, wie sinnvoll eine Unterrichtseinheit bzw. ein Trainingskurs zum Thema Handy sind. Dadurch kann eine Erkenntnis über das grundlegende Interesse bezüglich eines Handys als Unterrichtsinhalt gewonnen werden (vgl. Punkt 5ff). Die Fragen nach den Vor- bzw. Nachteilen von Handys (vgl. Punkt 11.3, Frage 9+10) können einerseits dabei helfen, die Leitfragen dieser Arbeit zu beantworten und andererseits zu einer kritischen Denkweise beim Schüler führen (vgl. Punkt 1 und Punkt 4.6). Die Frage nach dem Handy-Modell des Schülers (vgl. 11.3, Frage 11) soll Einsichten in die Medienausstattung der Kinder und Jugendlichen mit geistiger Behinderung geben (vgl. Punkt 4.3). Die letzten drei Fragen beziehen sich einerseits auf die Schwierigkeiten, die man mit einem Handy haben kann, andererseits auf die Notwendigkeit spezieller Handys für Menschen mit Schwierigkeiten bzw. auf ein Wunschhandy, deren Kriterien die Schüler auswählen dürfen (vgl. Punkt 11.3, Frage 12, 13+14). Diese Fragen verfolgen das Ziel, Auskunft darüber zu bekommen, ob generell Schwierigkeiten mit zu kleinen Tasten, einem zu kleinen Display o. ä. bestehen, ob die Schüler sich eine Besserung dafür wünschen und wenn ja, in welcher Form. Diese Fragen verlangen von dem Schüler eigene Ideen und kreatives Denken. Anhand dieser Fragen soll ein Bezug zu Punkt 4.3.3 hergestellt werden.

Die Befragung der Eltern anhand eines Fragebogens umfasst ebenfalls 10 Fragen. Die Fragen ähneln inhaltlich sehr stark den Fragen des Fragebogens für das Schüler-Interview, da sie die gleiche Thematik beleuchten. Allerdings sind die Fragen auf die Handynutzung des eigenen Kindes bezogen bzw. hypothetisch zu sehen (z.B. die Frage nach den Vor- oder Nachteilen eines Handys für das Kind) (vgl. Punkt 11.5, Frage 2+3). Die sich überschneidenden Fragen sollen an dieser Stelle den

Standpunkt der Eltern verdeutlichen, um auch diese wichtige Komponente mit einzubeziehen. So sollen die Eltern Auskünfte über die Handyfunktionen geben, die vom eigenen Kind am meisten genutzt (vgl. Punkt 11.5, Frage 6) oder die Funktionen benannt werden, die gut beherrscht oder noch geübt werden müssen (vgl. Punkt 11.5, Frage 7+8). Die Frage nach den Erfahrungen, die die Eltern mit ihrem Kind bezüglich Handys gemacht haben (vgl. Punkt 11.5, Frage 1) soll gemeinsam mit der Frage danach, wie wichtig es den Eltern ist, dass ihr Kind ein Handy hat (vgl. Punkt 11.5, Frage 9), Erkenntnisse über den Stellenwert der Mobiltelefone für die Eltern von Kindern mit geistiger Behinderung liefern. Anhand dessen soll Bezug genommen werden zu Punkt 4.6. Die Frage nach den Gründen, warum Kinder und Jugendliche ein Handy haben wollen (vgl. Punkt 11.5, Frage 4), soll die Eltern dahingehend anregen, sich die mögliche Notwendigkeit bzw. den Nutzen eines Handybesitzes auch für ihr Kind zu überlegen. Die letzte Frage verfolgt das Ziel, dass die Eltern Kriterien für ein spezielles Handy für Menschen mit geistiger Behinderung beurteilen. Dabei können sie auf einer Skala von 1= sehr sinnvoll bis 4= unsinnig wählen.

Die Befragung der Lehrkräfte, die ebenfalls anhand eines Fragebogens erfolgt, um fasst auch 10 Fragen. Diese überschneiden sich sehr mit den Fragen des Elternfragebogens, weil auch sie die gleiche Thematik untersuchen. Die Lehrer sollen ebenso ihren Standpunkt bezüglich der Handynutzung der Schüler verdeutlichen. Sie sind aufgefordert, ihre Erfahrungen mit Schülern bezüglich Handys darzulegen und diese in positive oder negative einzuteilen (vgl. Punkt 11.6, Frage 1). Weiterhin sollen die Lehrkräfte die Vor- und Nachteile der Handys für Schüler mit dem Förderschwerpunkt Geistige Entwicklung beurteilen (vgl. Punkt 11.6, Frage 2+3) sowie die Gründe der Handynutzung von Kindern und Jugendlichen abwägen (vgl. Punkt 11.6, Frage 4). Zudem werden die Lehrer angeregt, eine Unterrichtseinheit sowie einen Trainingskurs in der Schule zum Thema Handy zu bewerten (vgl. Punkt 11.6, Frage 5+6). Diese Fragen zielen auf eine Erkenntnis bezüglich des Interesses von Seiten der Lehrerschaft an der Thematik (vgl. Punkt 5ff). Weiterhin werden die Lehrkräfte dazu aufgefordert, abzuschätzen, welche Funktionen des Handys die Kinder und Jugendlichen mit dem Förderschwerpunkt Geistige Entwicklung am meisten nutzen (vgl. Punkt 11.6, Frage 7). Das trägt zur besseren Beurteilung der allgemeinen Bedeutung des Handys bzw. seiner Funktionen für Schüler mit dem Förderschwerpunkt Geistige Entwicklung bei. Die letzten Fragen sollen die Lehrkräfte dazu bewegen, über die Schwierigkeiten nachzudenken, die der Gebrauch eines

Handys von Schülern mit geistiger Behinderung mit sich bringen kann (vgl. Punkt 11.6, Frage 8, 9+10). Dabei werden neben den Schwerpunkten, welche Funktionen die Schüler besonders gut beherrschen bzw. sie noch üben müssen, auch die Beurteilung von Kriterien für ein spezielles Handy für Menschen mit geistiger Behinderung berücksichtigt. Diese Beurteilung erfolgt anhand einer Skala von 1= sehr sinnvoll bis 4= unsinnig.

6.3.3 Gestaltung der Durchführung

Wie bereits in Punkt 6.3.1 beschrieben, habe ich vor der Untersuchungsdurchführung mit den jeweiligen Klassenleitungen Termine abgemacht, an denen ich die Umfragen im Klassenverband durchführen konnte. Um diese möglichst angenehm für die Schüler zu gestalten, habe ich mit der Lehrkraft vorher besprochen, in welcher Form die Umfrage gestaltet werden soll. Dabei kristallisierte sich der Stuhlkreis als ideale Sozialform heraus, weil alle Schüler mir dabei direkt zugewandt sitzen und Blickkontakt herstellen können. Um das Vertrauen der Schüler zu wecken und eine angenehme Atmosphäre zu schaffen, habe ich mich zu Beginn den Schülern kurz vorgestellt und erläutert, warum ich diese Umfrage mache. Weiterhin habe ich die Schüler darauf hingewiesen, dass ich mit zwei einzelnen Schülern gern danach noch ein Interview machen würde, so dass sie bereits Gelegenheit hatten, darüber nachzudenken, ob sie dies möchten oder nicht. Um in das Thema einzusteigen, habe ich drei Bildkarten mit unterschiedlichen Handys mitgebracht, die ich an der Tafel angebracht habe. So hatten die Schüler schon einmal eine Möglichkeit, zu spekulieren, um welches Thema es sich handelt. In einem lockeren Gespräch sollten die Schüler die Möglichkeit bekommen, neben der Beantwortung meiner Fragen zum Handybesitz bzw. Handywunsch (vgl. Punkt 6.3.2), eigene Handy-Erfahrungen einbringen zu können.

Aufgrund der gegenseitigen Unbekanntheit war es wichtig, eine für den Befragten vertraute Umgebung zu schaffen. Für die Interviews der Schüler der Mittel- und Oberstufen wurde von mir daher der Nachbarraum der Klassen gewählt, der als eine Art Spielzimmer dient und den Schülern somit vertraut ist. Die Interviews mit den Schülern der Werkstufen habe ich im Speiseraum durchgeführt, der sich hinter der Lehrküche befindet. In diesem befindet sich neben einem großen Esstisch und zahlreichen Stühlen auch eine Couchgarnitur mit zwei Sesseln. Dieser Raum ist den

Schülern der Werkstufen durch den Haushaltslehreunterricht bekannt und vertraut und strahlt durch die Couch zudem etwas Gemütliches aus. Insgesamt habe ich acht Schüler-Interviews durchgeführt, deren Dauer zwischen acht und zwölf Minuten lag. Meinen Wunsch, in jeder der fünf befragten Klassen, zwei Schüler zu interviewen, konnte ich leider nicht realisieren. In einigen Klassen fanden sich teilweise nur zwei Schüler, die Handy-Erfahrungen hatten und bereit zu einem Interview gewesen wären. Jedoch konnte ich nicht jeden sich bereit erklärenden Schüler interviewen, weil teilweise deren Eltern kein Einverständnis gegeben hatten. Dadurch musste ich zum Teil auf Schüler zurückgreifen, die sich zwar ein Handy wünschen, damit jedoch noch keinerlei Erfahrungen haben. Dies wird in der Auswertung berücksichtigt. Zu Beginn jedes Interviews habe ich den Schülern die Situation geschildert und erläutert, in welchem Rahmen die Untersuchung entstanden ist und welches Thema behandelt wird. Weiterhin habe ich den Schülern Zeit gegeben, das Aufnahmegerät zu erkunden und angeboten, am Ende des Interviews ein Stück der Aufnahme gemeinsam anzuhören. Zudem habe ich den Schülern ein von mir erstelltes Handy-Puzzle mitgebracht, um die ungewohnte Befragungssituation ein bisschen aufzulockern. Dieses habe ich in den meisten Fällen mit den Schülern gemeinsam am Ende des Interviews zusammengesetzt. Dabei hatten sie noch einmal die Möglichkeit, von eigenen Erfahrungen zu erzählen, etwas über ihr eigenes Handy zu sagen und mir das Modell ggf. auf dem Puzzle zu zeigen.

Alle Erläuterungen habe ich dem sprachlichen Niveau des Interviewpartners angepasst. Diese Notwendigkeit bestand, weil die sprachlichen Ausdrucksfähigkeiten von Schülern mit geistiger Behinderung oftmals begrenzt sind.

Die Elternfragebögen habe ich zusammen mit einem kurzen Begleitschreiben für die Eltern in einem Umschlag nach der Umfrage im Klassenverband ausgeteilt. Dabei habe ich den Schülern erläutert, was sich in diesem Umschlag befindet und warum ich diese austeile. In dem Begleitschreiben habe ich den Eltern einen Rücklauftermin für die Elternfragebögen mitgeteilt. Dabei habe ich den Eltern etwa eine Woche Zeit gegeben, den Fragebogen auszufüllen und den Schülern wieder mit in die Schule zu geben. Fragebögen, die erst danach zurückgegeben wurden, konnten in der Auswertung leider nicht mehr berücksichtigt werden. Es sind im Laufe der Woche 17 von 35 ausgeteilten Elternfragebögen zurückgekommen, die in die Auswertung einbezogen werden.

Um die Lehrerfragebögen auszuteilen, bin ich während der Pause des ersten Durchführungstages in jeden Klassenraum gegangen, um dem Kollegium die Fragebögen persönlich auszuhändigen. Dieser unmittelbare Kontakt zu den Lehrkräften war mir besonders wichtig, weil ich mir einerseits dadurch eine höhere Rücklaufquote erhoffte (als durch bloßes Auslegen der Fragebögen im Lehrerzimmer) und ich andererseits die Möglichkeit zu einem kurzen erläuternden Gespräch hatte. Für die ausgefüllten Lehrerfragebögen hatte ich eine Klarsichtfolie an eine der Pinnwände im Lehrerzimmer gehängt. Von den 20 ausgehändigten Lehrerfragebögen werden 12 ausgefüllte Bögen in der Auswertung berücksichtigt.

6.4 Verarbeitung und Auswertung der Daten

6.4.1 Umfragen im Klassenverband

Im Rahmen der Untersuchung wurden die Mittelstufen-, Oberstufen- und Werkstufenklassen berücksichtigt. Insgesamt besuchen 41 Schüler diese Klassenstufen. Um statistische Daten bezüglich des Handybesitzes bzw. des Wunsches, ein Handy zu haben, zu bekommen, habe ich in den einzelnen Klassen Umfragen durchgeführt. Diese haben im Klassenverband stattgefunden.
Im Folgenden wird die Grafik hinsichtlich des Handybesitzes bzw. Wunsches von den Schülern der Mittel- bis Werkstufenklassen der Schule am Markt in Süderbrarup aufgezeigt.

Schüleranzahl

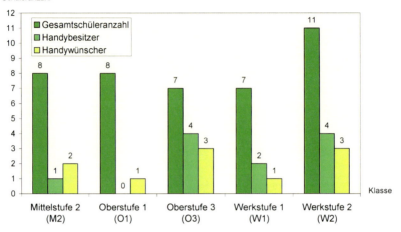

Abb. 3: Ergebnisse der Umfragen im Klassenverband, Klassenverteilung der Handybesitzer und der Schüler, die sich ein Handy wünschen

Die Grafik verdeutlicht, dass es bei der Schülerschaft der Mittel- bis Werkstufenklassen der Schule am Markt in Süderbrarup nicht viele Schüler gibt, die ein eigenes Handy besitzen. Besonders in den Ober- bzw. Werkstufenklassen waren höhere Zahlen zu erwarten. In einer Oberstufenklasse befindet sich kein Schüler, der ein Handy besitzt und auch nur ein Schüler, der sich eins wünscht. Allerdings muss bei dieser Untersuchung auch berücksichtigt werden, dass sich die Schule in sehr ländlicher Umgebung befindet und eine Untersuchung an einer Schule im städtischen Raum vielleicht andere Ergebnisse geliefert hätte. Auch die Anzahl der Schüler, die sich ein Handy wünschen, ist nicht besonders hoch. Dies wird in der folgenden Grafik noch verdeutlicht.

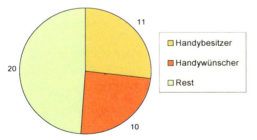

Abb. 4: Ergebnisse der Umfragen im Klassenverband, Gesamtzahl Handybesitzer und Schüler, die sich ein Handy wünschen

Anhand dieser Grafik lässt sich gut erkennen, dass nur etwas mehr als die Hälfte der Schüler der Mittel-, Ober- und Werkstufenklassen an Mobiltelefonen interessiert sind. Lediglich elf von 41 Schülern haben selbst ein Handy und weitere zehn Schüler wünschen sich ein eigenes Mobiltelefon. Die restlichen 20 Schüler sind entweder aufgrund ihrer Behinderung zu keiner Handynutzung imstande oder haben bei der Umfrage angegeben, kein Interesse an Handys zu haben.

In der nachstehenden Grafik wird die Geschlechterverteilung der Handybesitzer der Schule am Markt verdeutlicht.

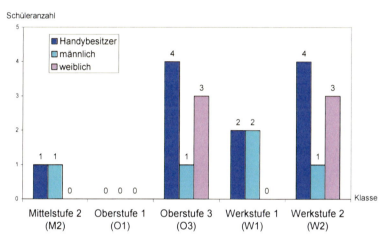

Abb. 5: Ergebnisse der Umfragen im Klassenverband, Geschlechterverteilung der Handybesitzer

Dieses Diagramm lässt feststellen, dass die Geschlechterverteilung der Handybesitzer sich nicht besonders stark unterscheidet. Die elf Schüler, die ein eigenes Handy besitzen, setzen sich aus fünf Schülern und sechs Schülerinnen zusammen.

In der nachfolgenden Grafik ist eine Geschlechterverteilung der Schüler, die sich ein Handy wünschen ablesbar.

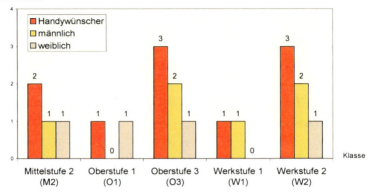

Abb. 6: Ergebnisse der Umfragen im Klassenverband, Geschlechterverteilung der Schüler,
die sich ein Handy wünschen

An diesem Diagramm lässt sich ablesen, dass die Geschlechtsverteilung der zehn Schüler, die sich ein Handy wünschen, keine großen Unterschiede aufweist. Es sind sechs Schüler und vier Schülerinnen.

Im Rahmen der Umfragen im Klassenverband wurden von den Schülern der Mittel- bis Werkstufenklassen verschiedene Gründe genannt, die für den Handygebrauch sprechen. Diese werden im Folgenden aufgezählt:

Mittelstufe 2 (M2)
➢ Ständige Erreichbarkeit
➢ Man kann Spiele spielen
➢ Man kann Musik hören
➢ Man kann SMS schreiben

Oberstufe 1 (O1)
➢ Man kann immer jemanden anrufen
➢ Notfall
➢ Man kann SMS schreiben

Oberstufe 3 (O3)
- Man kann Filme und Fotos machen
- Erreichbarkeit
- Notfall
- Man kann SMS schreiben
- Man kann Freunde, Mama und Papa anrufen
- Wecker

Werkstufe 1 (W1)
- Man kann telefonieren, jemanden anrufen
- Man kann Spiele spielen
- Man kann Langeweile vertreiben (mit dem Handy rumspielen, Einstellungen ändern)
- Man kann Musik hören
- Notfall
- Es ist cool

Werkstufe 2 (W2)
- Man kann zu Hause anrufen
- Man ist erreichbar
- Alle haben eins

Zusammenfassend lässt sich dazu sagen, dass die meisten Schüler der Mittel- bis Werkstufen die ständige Erreichbarkeit und die Möglichkeit nicht nur im Notfall telefonieren zu können, als Hauptgrund für einen Handykauf nennen. Weiterhin zählen Musik hören, Spiele spielen und SMS schreiben zu den von den Schülern genannten Gründen, die für ein Handy sprechen. Ferner wurden die Weckfunktion und natürlich die ‚Coolness' bzw. der Grund „alle haben eins" aufgeführt.

Bezüglich der Umfragen im Klassenverband wurde neben den Gründen, die für ein Handy sprechen auch über Gründe gegen den Handygebrauch gesprochen. Diese werden im Folgenden aufgezählt:

Mittelstufe 2 (M2)

- Es ist teuer
- Kein Interesse an Handys

Oberstufe 1 (O1)

- Handys sind doof
- Man braucht keine Handys

Oberstufe 3 (O3)

- Das Handy könnte geklaut werden

Werkstufe 1 (W1)

- Handys sind zu teuer
- Man braucht keine Handys
- Die Haltekosten sind zu hoch
- Kein Interesse an Handys

Werkstufe 2 (W2)

- Man kann es gut mal ohne Handy aushalten
- Es ist teuer

Beachtenswert ist dabei, dass den Schülern bei dem Gespräch über Gründe gegen ein Handy viel weniger Aspekte eingefallen sind, als bei der Unterhaltung über Gründe für ein Handy. Die Mehrheit der Schüler der Mittel- bis Werkstufen benennt den hohen Kostenfaktor als Hauptgrund gegen ein Handy. Dabei wurde in einer Oberstufenklasse noch genauer der Begriff „Haltekosten" erwähnt, wodurch ein kurzes Gespräch über Anschaffungs- und Haltekosten von Handys entstand. Viele Schüler nennen zusätzlich mangelndes Interesse bzw. ein fehlendes Bedürfnis nach Handys als Beweggrund, sich kein Mobiltelefon zu kaufen. In einer Klasse wurde über die Angst vor einem möglichen Handy-Diebstahl gesprochen.

Um die Schüler-Interviews auswerten zu können, habe ich Kategorien gebildet. Diese ergeben sich ausgehend von den Leitfragen dieser Untersuchung und dem theoretischen Hintergrund.

- ➢ Handy-Erfahrungen
- ➢ Häufig genutzte Funktionen
- ➢ Stellenwert des Handys
- ➢ Vorteile des Handys
- ➢ Nachteile des Handys
- ➢ Unterrichtsgegenstand Handy
- ➢ Trainingskurs in der Schule
- ➢ Leichte Handhabung
- ➢ Schwierige Handhabung
- ➢ Eigenschaften eines Wunschhandys (bei den Schüler-Interviews)

Es folgt die Zuordnung der Schüler-Interviewaussagen zu den entsprechenden Kategorien. Bei der Transkription werden die Komponenten Mimik, Gestik, Intonation, Sprechgeschwindigkeit oder Pausen nicht berücksichtigt, weil sie für die Bedeutung der Inhalte nicht erheblich sind.

Kategorien ↓	Schüler 1 (16 Jahre)	Schüler 2 (17 Jahre)
Handy-Erfahrungen	Positiv: meine Erzieherin kann anrufen und sagen, wann ich nach Hause kommen soll	Positiv: ich hatte zwei Monate ein Handy, aber mehr auch nicht. Und das war gut.
Häufig genutzte Funktionen	Bei Langeweile Spiele spielen, im Alltag Telefonieren, SMS schreiben	Telefonieren, Musik hören, Spiele spielen
Stellenwert des Handys	Das Handy ist für mich wichtig.	Ist mir sehr wichtig.
Vorteile des Handys	Sichereres Gefühl, wenn ich alleine unterwegs bin	Da lern ich viel mit. Ich bin auch immer erreichbar und kann anrufen, wenn was passiert.
Nachteile des Handys	Nein, es gibt keine	Wenn meine Eltern immer anrufen. Schulden mach ich nicht, ich ruf ja nicht so oft an.
Unterrichts-gegenstand Handy	Das wäre sehr gut.	Würd ich gut finden.
Trainingskurs in der Schule	Das wäre gut.	Find ich auch gut.
Leichte Handhabung	SMS schreiben, Uhrzeit neu stellen	SMS schreiben ist leicht, Menüführung klappt auch gut.
Schwierige Handhabung	PIN eingeben, Menüführung ist kompliziert	Klingeltöne verschicken an meinen Freund
Spezielles Handy für Menschen mit Umgangs-schwierigkeiten	Das wäre gut.	Das find ich auch gut.
Eigenschaften eines Wunschhandys	Es soll bessere Fotos machen können	Sollte kleinere Tasten haben, ein Display wie die normalen Handys. Einfachere Menüführung und eine Kamera sollte es auch haben.

Tab. 1: Auswertung der Schüler-Interviews, Teil 1

Kategorien ↓	Schüler 3 (14 Jahre)	Schüler 4 (12 Jahre)
Handy-Erfahrungen	Keine, ich würde aber gern eins haben	Keine, aber ich darf bei dem von meiner Mutter immer ein paar Bilder angucken
Häufig genutzte Funktionen	Ich würde SMS schreiben und Spiele spielen, Uno-Spiele.. kann man auch mit dem Handy	Lieber SMS schreiben. Auch mal Spiele spielen und Musik hören
Stellenwert des Handys	Ist mir egal	Eigentlich sehr wichtig.
Vorteile des Handys	Kann auch den Krankenwagen anrufen. Ist auch cooler, weil ganz viele Jungs ein Handy haben.	Damit kann man mal telefonieren und auch Videos aufnehmen und verschicken. Ich bin sicherer.
Nachteile des Handys	Nein,... doch Schulden kann man machen. Ein Handy kostet 20 Euro. Und Mama kann immer anrufen. Das wär blöd.	Nein, da gibt's doch keine.
Unterrichts-gegenstand Handy	Das wär gut.	Davon hätte ich kein Problem. Würd ich gut finden.
Trainingskurs in der Schule	Ja, wär gut zum üben.	Wär gut... dann können die mal besser üben.
Leichte Handhabung	Ich könnte gut Fotos machen und Sachen runterladen	Fotos zu machen kann ich schon richtig gut.
Schwierige Handhabung	SMS schreiben ist schwer, Verschicken auch. Müsste man noch üben. Tasten sind so klein	Ich hab ne SMS noch nie geschickt. Uhrzeit ändern ist auch schwierig.
Spezielles Handy für Menschen mit Umgangs schwierigkeiten	Ja, das wär ganz gut.	Dann würde denen geholfen.
Eigenschaften eines Wunschhandys	Große Tasten, großes Display und Kamera.	Das sollte Videos aufnehmen, Fotos machen und dass man Fotos verschicken kann.

Tab. 2: Auswertung der Schüler-Interviews, Teil 2

Kategorien ↓	Schüler 5 (11 Jahre)	Schüler 6 (14 Jahre)
Handy-Erfahrungen	Positiv: Ich mag gerne Handys. Papa und Mama und mein Bruder haben eins, ich aber nicht.	Mal gut, mal schlecht. Die Kamera ist gut. Ohne Kamera ist schlecht.
Häufig genutzte Funktionen	Ne SMS schreiben und Musik hören	Am meisten telefonier ich damit. Schreib auch SMS und hör Musik. Fotos mach ich auch. Spiele spiel ich nicht.
Stellenwert des Handys	Sehr wichtig, ich kann immer anrufen, wenn ich mal nicht da bin.	Ist mir sehr wichtig.
Vorteile des Handys	Bei einem Unfall kann man anrufen.	Viele Vorteile. Ich fühl mich sicherer. Es ist auch viel cooler.
Nachteile des Handys	Nee, gibt es nicht.	Kann passieren, dass man das nicht mehr bezahlen kann. Die Erzieherin kann auch immer nerven, weil sie ja einen immer erreicht.
Unterrichts-gegenstand Handy	Wär gut.	Das wär ja sehr gut.
Trainingskurs in der Schule	Find ich blöd.	Das wär ja auch gut.
Leichte Handhabung	SMS ist leicht	Schöne Fotos machen ist einfach.
Schwierige Handhabung	Die Uhrzeit einstellen ist schwer, das will ich nicht. Das Bild (Display) ist zu klein, kann ich nicht sehen.	Was schicken (z.B. Klingeltöne) ist schwer. Die Uhrzeit kann ich auch nicht einstellen, Logo auch nicht. Tasten sind so klein, Display ist auch winzig, das ist schwierig.
Spezielles Handy für Menschen mit Umgangs-schwierigkeiten	Wäre ne gute Idee.	Wär gut.
Eigenschaften eines Wunschhandys	Schöne Spiele, kleine Tasten	Viele Sachen. Größere Tasten, das Menü sollte einfacher sein. Ne Kamera sollte das auch haben und einen Mp3-Player auch.

Tab. 3: Auswertung der Schüler-Interviews, Teil 3

Kategorien ↓	Schüler 7 (14 Jahre)	Schüler 8 (11 Jahre)
Handy-Erfahrungen	Keine: hab noch nie eins in der Hand gehabt. Will auch keins haben.	Positiv: Weil die mich wecken morgens.
Häufig genutzte Funktionen	Würde telefonieren, Spiele spielen und auch ne SMS schreiben.	Ich daddel lieber... also, ich spiel Spiele.
Stellenwert des Handys	Ist mir egal.	Das ist mir sehr wichtig, weil ich das immer brauch für... dass ich Mama anrufen kann, weil ich mal... wenn ich mal wegfahre.
Vorteile des Handys	Keine Ahnung.	Ich bin ja immer erreichbar. Wenn ich weg fahr, ist das ja auch besser, wenn ich das Handy mit hab.
Nachteile des Handys	Weiß ich auch nicht.	Wenn der Akku plötzlich leer ist.
Unterrichts-gegenstand Handy	Würd ich ganz gut finden.	Das würd ich supergut finden.
Trainingskurs in der Schule	Wär gut.	Ist eher schlecht.
Leichte Handhabung	Fotos machen ist bestimmt einfach. Die Uhrzeit kann man auch leicht neu machen.	Telefonieren ist ganz ganz leicht. Uhrzeit ist einfach... Papa hat auch ein Handy, da guck ich dann mal zu.
Schwierige Handhabung	SMS schreiben ist wohl schwer, weil man immer nicht weiß, wie man das alles schreibt.	SMS schreiben kann ich gar nicht, das mach ich nicht. Klingeltöne kann ich nicht verschicken. Ich kenn mich sonst ganz gut aus mit dem Handy
Spezielles Handy für Menschen mit Umgangs-schwierigkeiten	Würd ich gut finden.	Das find ich gut. Wie so eins für alte Leute mit so Riesentasten.
Eigenschaften eines Wunschhandys	Ja, ne Kamera. Große Tasten sind toll, da kann man besser drücken.	Das soll ne Kamera haben, Filme machen können. Auch größere Tasten. Ja, und mehr Sachen im Menü wären auch gut.

Tab. 4: Auswertung der Schüler-Interviews, Teil 4

Nachstehend werden die Informationen aus den Schüler-Interviews nach den Kategorien geordnet kurz zusammengefasst.

Handy-Erfahrungen

Die Schüler berichten in den Interviews überwiegend von positiven Erfahrungen. Dabei erläutern vier Schüler, selbst ein Handy zu haben bzw. gehabt zu haben. Dafür werden verschiedene Erklärungen genannt. Ein Befragter erzählt von positiven Handy-Erfahrungen, obwohl er selbst kein Handy hat. Er darf das Mobiltelefon seiner Eltern bzw. seines Bruders benutzen. Drei Schüler berichten, keine Handy-Erfahrung zu haben. Zwei von ihnen wünschen sich ein Handy, ein Schüler möchte kein Mobiltelefon haben.

Häufig genutzte Funktionen

Sechs von den acht befragten Schülern berichten von einem großen Interesse am Spiele spielen mit dem Handy und SMS schreiben. Vier von acht Schülern haben angegeben, mit dem Handy auch viel zu telefonieren und Musik zu hören. Lediglich ein Schüler berichtet davon, mit dem Handy auch Fotos zu machen.

Stellenwert des Handys

Bei den Interviews haben fünf von acht Schülern angegeben, dass es ihnen ‚sehr wichtig' ist bzw. wäre, ein Handy zu haben. Ein Schüler berichtet, dass das Handy ihm ‚wichtig' ist und zwei Befragte geben an, dass es ihnen ‚egal' ist, ob sie ein Handy haben oder nicht.

Vorteile des Handys

Hinsichtlich der Vorteile, die das Handy für die Schüler hat, berichten drei der Befragten, dass sie sich mit dem Handy sicherer fühlen. Ein weiterer wichtiger Vorteil, den vier von acht Schülern genannt haben, ist der, immer erreichbar zu sein bzw. jemanden anrufen zu können. Zwei befragte Jugendliche benennen auch den Vorteil, durch das Handy cooler zu sein. Ein Schüler gibt an, mit dem Handy viel lernen zu können.

Nachteile des Handys

Im Bezug auf die Nachteile haben drei der acht befragten Schüler berichtet, dass es keine gibt oder sie keine wissen. Weiterhin geben einige Schüler an, dass sie einen Nachteil in einer ständigen Kontrollmöglichkeit durch die Eltern oder auch

Erzieherinnen sehen. Der Schulden- bzw. Kostenfaktor wurde auch von zwei Schülern genannt. Ein Schüler benennt, dass ein leerer Akku ein Nachteil ist.

Unterrichtsgegenstand Handy

Das Handy als Unterrichtsgegenstand wurde von zwei Schülern mit ‚sehr gut' bzw. „supergut" beurteilt. Die weiteren sechs befragten Jugendlichen finden das Handy als Unterrichtsthema ‚gut'.

Trainingskurs in der Schule

Sechs von acht befragten Schülern bewerten einen Trainingskurs in der Schule zum Umgang mit dem Handy mit ‚gut'. Zwei Schüler geben an, einen solchen Kurs „eher schlecht" oder sogar „blöd" zu finden.

Leichte Handhabung

Hinsichtlich der leichten Handhabung des Handys für die Schüler, antworten drei der befragten Jugendlichen, dass SMS schreiben eine leichte Funktion ist. Weiterhin wird das Einstellen der Uhrzeit sowie das Erstellen von Fotos von drei bzw. vier Schülern als einfach angesehen. Ein Schüler berichtet über eine gut überschaubare Menüführung und ein weiterer über das Herunterladen von Daten. Ein befragter Schüler äußert sich zum Telefonieren und berichtet, dass dies eine einfache Funktion ist.

Schwierige Handhabung

Bezüglich der schwierigen Handhabung des Handys für die Schüler geben vier von acht befragten Schülern an, eine SMS zu verfassen und zu verschicken ist für sie schwierig. Weiterhin werden von jeweils drei Schülern das Verschicken von Daten wie z.B. Klingeltönen sowie das Einstellen der Uhrzeit als schwer eingestuft. Ein Schüler berichtet über Schwierigkeiten mit der Menüführung sowie mit der Eingabe der PIN-Nummer. Mehrere Schüler geben auch die geringe Tastengröße bzw. Displaygröße als Problem an.

Spezielles Handy für Menschen mit Umgangsschwierigkeiten

Im Rahmen des Interviews sollten die befragten Jugendlichen ein spezielles Handy für Menschen beurteilen, die Schwierigkeiten im Umgang mit einem normalen Handy haben. Dabei befanden alle der acht befragten Schüler diese Idee als ‚gut'.

Eigenschaften eines Wunschhandys

Abschließend wurde im Schüler-Interview den Befragten die Möglichkeit gegeben, Eigenschaften zu äußern, die ein von ihnen gestaltetes Wunschhandy haben sollte. Sieben von acht befragten Schülern äußerten den Wunsch, eine im Handy integrierte Kamera bzw. eine bessere Kamera haben zu wollen. Es bestand zum einen Uneinigkeit darüber, ob das Wunschhandy kleine oder große Tasten sowie ein kleines oder großes Display haben sollte und zum anderen waren sich die Schüler uneinig, ob das Menü einfacher oder komplexer gestaltet sein sollte. Ein Schüler benennt als Wunsch-Eigenschaft einen integrierten Mp3-Player während ein anderer Schüler betont, schöne Spiele mit dem Handy spielen zu wollen.

6.4.3 Eltern-Fragebögen

Zur Auswertung der Elternfragebögen habe ich ebenfalls auf Grundlage der Leitfragen dieser Untersuchung sowie dem theoretischen Hintergrund Kategorien gebildet. Diese stimmen größtenteils mit denen der Auswertung der Schüler-Interviews überein. Im Folgenden sind die Kategorien der Elternfragebogen-Auswertung aufgezählt:

- ➢ Handy-Erfahrungen mit dem Kind
- ➢ Vom Kind häufig genutzte Funktionen
- ➢ Stellenwert des Handys vom Kind für die Eltern
- ➢ Vorteile des Handys für das Kind
- ➢ Nachteile des Handys für das Kind
- ➢ Unterrichtsgegenstand Handy
- ➢ Leichte Handhabung des Handys für das Kind
- ➢ Schwierige Handhabung des Handys für das Kind
- ➢ Kriterien für ein spezielles Handy (für Menschen mit geistiger Behinderung)

Nachfolgend werden die von den Eltern auf dem Fragebogen vermerkten Angaben den einzelnen Kategorien zugeordnet. Von 35 ausgeteilten Eltern-Fragebögen sind 17 ausgefüllt wieder zurückgekommen. Bei einigen Fragen waren Mehrfachnennungen möglich, so dass die Anzahl der gegebenen Antworten die Anzahl der ausgefüllten Fragebögen übersteigt.

Kategorie: Handy-Erfahrungen mit dem Kind	Anzahl der gegebenen Antworten
Positive	2
Positive und negative	2
Negative	3
Keine	10
Keine Angaben	0

Tab. 5: Auswertung der Eltern-Fragebögen, Teil 1

Die Tabelle zeigt, dass die Mehrzahl der Eltern der Schülerschaft der Mittel- bis Werkstufen der Schule am Markt in Süderbrarup keine Erfahrungen mit ihren Kindern bezüglich Handys gemacht haben. Dies lässt sich wie bereits erwähnt, auf die ländliche Region der Schule zurückführen. Eine weitere Vermutung wäre, dass aus Gründen der Einfachheit so häufig angegeben wurde, dass keine Erfahrungen gemacht wurden. Wie bereits in Punkt 6.1.3 aufgeführt, kann es aus Angst vor Rechtschreibfehlern dazu kommen, dass die Befragten die Antwortvorgabe vorziehen, bei der sie selbst nichts schreiben müssen (vgl. Punkt 6.1.3). Zwei Elternteile haben benannt, positive Erfahrungen gemacht zu haben. Ein Elternteil begründet dies mit „Mein Sohn meldet sich, wenn er Probleme hat". Weiterhin haben zwei Elternteile angegeben sowohl positive als auch negative Erfahrungen gemacht zu haben. Dies wird erläutert durch folgende Aussagen: „Positive: Kind konnte uns erreichen" und „Negative: Neid, Schulden, Abhängigkeit" sowie durch „Positive: ständige Erreichbarkeit" und „Negative: ablenkend und störend".

Ferner haben drei Elternteile benannt, negative Erfahrungen mit Handys für ihr Kind gemacht zu haben. Dies wird zum einen mit „Lehnt das Handy ab – Angst vor Geräuschen" und zum anderen mit „ Polizei angerufen unnötigerweise" begründet.

Kategorie: Vom Kind häufig genutzte Funktionen	Anzahl der gegebenen Antworten
Telefonieren	4
SMS schreiben	2
Spiele spielen	4
Musik hören	1
Fotos	4
Sonstiges (Klingeltöne, Logos runterladen)	0
Individuelle Anmerkungen	5
Keine Angaben	5

Tab. 6: Auswertung der Eltern-Fragebögen, Teil 2

In dieser Tabelle werden die von den Eltern angegebenen vom Kind am häufigsten genutzten Funktionen aufgeführt. Bei dieser Frage waren Mehrfachnennungen möglich. Es zeigt sich anhand dieser Tabelle, dass die beliebtesten Funktionen das Telefonieren, Spiele spielen und Fotos machen sind. Die etwas komplexeren Funktionen wie SMS schreiben, Musik hören sowie Klingeltöne oder ähnliches herunterladen, werden nach Angaben der Eltern von ihren Kindern nicht so häufig bzw. gar nicht genutzt. Fünf Elternteile haben diesbezüglich keine Aussagen gemacht. Weitere fünf Elternteile haben individuelle Anmerkungen wie z.b. „Mein Kind hat kein Handy" oder „Gar nicht" bzw. „Gar nicht mehr" aufgeschrieben. Weiterhin finden sich zusätzliche Aussagen wie z.b. „Fotos auf Papas Handy anschauen" unter dem Kategoriepunkt ‚individuelle Anmerkungen'.

Kategorie: Stellenwert des Handys vom Kind für die Eltern	Anzahl der gegebenen Antworten
Sehr wichtig	1
Wichtig	5
Weniger wichtig	9
Ist mir egal	1
Keine Angaben	1

Tab. 7: Auswertung der Eltern-Fragebögen, Teil 3

Mit Blick auf diese Tabelle lässt sich der Stellenwert des Handys vom Kind für die Eltern ablesen. Demnach halten neun von 17 Eltern das Handy für ihr Kind für ‚weniger wichtig'. Fünf Elternteile benennen den Stellenwert des Handys mit ‚wichtig'. Lediglich ein Elternteil sieht das Handy für das eigene Kind als ‚sehr wichtig' an.

Einem Elternteil ist es ‚egal', ob das Kind ein Handy besitzt oder nicht und ein Elternteil hat diesbezüglich keine Angaben gemacht.

Kategorie: Vorteile des Handys für das Kind	Anzahl der gegebenen Antworten
Ich kann mein Kind immer erreichen	8
Mein Kind ist unabhängiger	2
Mein Kind kann immer jemanden anrufen	9
Wir fühlen uns beide sicherer	5
Das Verantwortungsbewusstsein wird gefördert	2
Individuelle Anmerkungen	5
Keine Angaben	1

Tab. 8: Auswertung der Eltern-Fragebögen, Teil 4

Diese Tabelle zeigt die von den Eltern gemachten Angaben hinsichtlich der möglichen Vorteile, die der Handygebrauch des Kindes mit sich bringt. Auch hier waren Mehrfachnennungen möglich. Neun von 17 Eltern benennen als Vorteil, dass ihr Kind immer jemanden anrufen kann. Acht Elternteile sehen zusätzlich einen Vorteil darin, dass sie selbst ihr Kind immer erreichen können. Der Sicherheitsaspekt spielt ebenfalls bei einigen Eltern eine große Rolle. Zwei Elternteile bemerken eine Unabhängigkeit ihres Kindes sowie eine Förderung des Verantwortungsbewusstseins als Vorzug des Handygebrauchs ihres Kindes. Fünf Eltern haben individuelle Anmerkungen wie z.B. „Umgang mit neuen Medien" oder „Für den Notfall" aufgeschrieben. Ein Elternteil hat diesbezüglich keine Angaben gemacht.

Kategorie: Nachteile des Handys für das Kind	Anzahl der gegebenen Antworten
Es könnten hohe Kosten bzw. Schulden entstehen	6
Mein Kind könnte süchtig werden	6
Mein Kind ist Strahlungen ausgesetzt	4
Mein Kind könnte einem Gruppenzwang ausgesetzt sein	3
Mein Kind sich ständig kontrolliert fühlen	6
Mein Kind könnte mit nicht altersgerechten, jugendgefährdenden Inhalten konfrontiert werden	4
Individuelle Anmerkungen	5
Keine Angaben	2

Tab. 9: Auswertung der Eltern-Fragebögen, Teil 5

In dieser Tabelle kann man die durch die Eltern gemachten Angaben bezüglich der Nachteile des Handys für das Kind ablesen. Bei dieser Frage auf dem Elternfragebogen waren erneut Mehrfachnennungen möglich. Anhand dieser Tabelle zeigt sich, dass die meisten Eltern die Nachteile des Handys für das eigene Kind in den möglichen hohen Kosten bzw. Schulden, dem denkbaren Suchtaspekt sowie einer Angst einer ständigen Kontrolle sehen. Vier Elternteile benennen weiterhin die Angst, ihr Kind könnte mit nicht altersgerechten und jugendgefährdenden Inhalten konfrontiert werden als Nachteil. Auch der Aspekt des möglichen Gruppenzwanges, dem ein Kind ausgesetzt sein könnte, wird als Nachteil erkannt. Zwei Elternteile haben diesbezüglich keine Angaben gemacht und fünf Eltern haben individuelle Anmerkungen wie z.B. „Mein Kind ist überfordert mit der Handhabung" oder „kein sachgemäßer Umgang" gemacht.

Kategorie: Unterrichtsgegenstand Handy	Anzahl der gegebenen Antworten
Sehr sinnvoll	3
Sinnvoll	8
Weniger sinnvoll	3
Unsinnig	2
Keine Angaben	1

Tab. 10: Auswertung der Eltern-Fragebögen, Teil 6

Die Eltern wurden auf dem Elternfragebogen nach der Beurteilung des Einsatzes eines Handys als Unterrichtsthema befragt. Dies beurteilte die Mehrheit der Eltern als ‚sinnvoll' und je drei Eltern fanden diesen Vorschlag ‚sehr sinnvoll' bzw. ‚weniger sinnvoll'. Ein Elternteil beurteilte das Handy als Unterrichtsgegenstand mit ‚unsinnig' und ein Elternteil hat dazu keine Angaben gemacht.

Kategorie: Leichte Handhabung des Handys für das Kind	Anzahl der gegebenen Antworten
Telefonieren	1
SMS schreiben und verschicken	0
Fotos machen	1
Daten verschicken (z.B. Fotos, Logos, Klingeltöne…)	0
Daten runterladen (z.B. Logos, Klingeltöne…)	0
Einstellungen ändern (z.B. Uhrzeit, Logo…)	1
Individuelle Anmerkungen	5
Keine Angaben	10

Tab. 11: Auswertung der Eltern-Fragebögen, Teil 7

In der Tabelle sind die Angaben der Eltern hinsichtlich der von den Kindern als gut beherrschten Funktionen aufgeführt. Dabei ist auffällig, dass zehn von 17 Eltern dazu keine Angaben gemacht haben. Fünf Elternteile haben individuelle Anmerkungen wie z.B. „Es kann nicht mit den Funktionen hantieren", „Gar nichts" oder „Kann nicht damit umgehen" notiert. Je ein Elternteil benennt das Telefonieren, das Erstellen von Fotos sowie das Ändern der Einstellungen als Funktion, die das eigene Kind besonders gut kann. Die komplexen Funktionen wie SMS schreiben und verschicken, Daten verschicken bzw. diese herunterladen werden von keinem Elternteil angegeben.

Kategorie: Schwierige Handhabung des Handys für das Kind	Anzahl der gegebenen Antworten
Telefonieren	7
SMS schreiben und verschicken	9
Fotos machen	5
Daten verschicken (z.B. Fotos, Logos, Klingeltöne…)	7
Daten runterladen (z.B. Logos, Klingeltöne…)	7
Einstellungen ändern (z.B. Uhrzeit, Logo…)	9
Individuelle Anmerkungen	1
Keine Angaben	6

Tab. 12: Auswertung der Eltern-Fragebögen, Teil 8

In dieser Tabelle lässt sich ablesen, welche Funktionen des Handys von den Eltern als für ihre Kinder schwierig eingestuft werden. Dabei stehen die Funktionen SMS schreiben und verschicken sowie Einstellungen ändern mit je neun Nennungen im Vordergrund. Weiterhin sollten nach Angaben der Eltern das Telefonieren, Daten verschicken sowie Daten herunterladen und Fotos machen von ihren Kindern noch geübt werden. Einige Eltern haben alle Antwortvorgaben angekreuzt oder neben der Frage vermerkt, dass von ihren Kindern alles geübt werden muss. Sechs Elternteile haben diesbezüglich keine Angaben gemacht.

Kategorie: Kriterien für ein spezielles Handy	Anzahl der gegebenen Antworten
Große Tasten, großes Display	Sehr sinnvoll=7 sinnvoll=8 weniger sinnvoll=0 unsinnig=0 keine Angaben=2
Vereinfachte Menüführung	Sehr sinnvoll=12 sinnvoll=4 weniger sinnvoll=0 Unsinnig=0 keine Angaben=1
Getrennte Ziffern- und Buchstabentasten	Sehr sinnvoll=4 sinnvoll=10 weniger sinnvoll=2 unsinnig= 0 keine Angaben=2
Buchstaben- und Kurzwahltasten mit Bildhinterlegung	Sehr sinnvoll=11 sinnvoll=4 weniger sinnvoll=0 unsinnig=0 keine Angaben=2
Eingeschränkte Funktionen	Sehr sinnvoll=13 sinnvoll=2 weniger sinnvoll=1 unsinnig=0 keine Angaben=1
Symbolische Darstellung der Menüfunktionen	Sehr sinnvoll=5 sinnvoll=7 weniger sinnvoll=1 unsinnig=0 keine Angaben=3
SMS-Funktion mit Symbolen	Sehr sinnvoll=3 sinnvoll=6 weniger sinnvoll=5 unsinnig=1 keine Angaben=2

Tab. 13: Auswertung der Eltern-Fragebögen, Teil 9

In dieser Tabelle sind die Eltern-Beurteilungen der von mir entwickelten Kriterien für ein spezielles Handy für Menschen mit geistiger Behinderung aufgeführt. Dabei zeigt sich, dass Kriterien wie z.B. eine ‚vereinfachte Menüführung' von den meisten Eltern als ‚sehr sinnvoll' oder ‚sinnvoll' erachtet wurden. Auch ‚große Tasten und großes Display' sowie ‚Buchstaben- und Kurzwahltasten mit Bildhinterlegung' und ‚Eingeschränkte Funktionen wie z.B. Rufnummernsperre von bestimmten Nummern' wurden von der Mehrheit der Eltern als ‚sehr sinnvoll' oder ‚sinnvoll' beurteilt. Diese Kriterien wurden von nur wenigen Elternteilen mit ‚weniger sinnvoll' oder ‚unsinnig' bewertet. Auch die ‚symbolische Darstellung der Menüfunktionen' wurde von fünf Eltern als ‚sehr sinnvoll' und von sieben als ‚sinnvoll' eingestuft. Lediglich das Kriterium der ‚SMS-Funktion mit Symbolen' wurde von fünf Elternteilen als ‚weniger sinnvoll' beurteilt. Jedoch halten dieses Kriterium trotzdem drei Eltern für ‚sehr sinnvoll' und sechs für ‚sinnvoll'. Bezüglich der Bewertung dieser Kriterien wurde in 13 Fällen keine Angabe gemacht. Dies könnte aber auch mit einem möglichen Unverständnis der Eltern hinsichtlich der Kriterien zusammenhängen, weil aus Platzgründen eine lange Erklärung der einzelnen von mir erstellten Kriterien nicht möglich war.

6.4.4 Lehrer-Fragebögen

Die Auswertung der Lehrer-Fragebögen erfolgt auch über ein Kategoriensystem. Diese überschneiden sich einerseits wieder sehr stark mit denen der zur Auswertung der Schüler-Interviews benötigten Kategorien und andererseits mit den Kategorien zur Auswertung der Eltern-Fragebögen. Die Kategorien für die Verarbeitung der Lehrer-Fragebögen werden nachstehend aufgezählt:

➢ Handy-Erfahrungen mit den Schülern

➢ Von Schülern häufig genutzte Funktionen

➢ Vorteile des Handys für die Schüler

➢ Nachteile des Handys für die Schüler

➢ Unterrichtsgegenstand Handy

➢ Trainingskurs zum Handy in der Schule

➢ Leichte Handhabung des Handys für den Schüler

➢ Schwierige Handhabung des Handys für den Schüler

➢ Kriterien für ein spezielles Handy (für Menschen mit geistiger Behinderung)

Es folgt die Zuordnung der in den Lehrer-Fragebögen enthaltenen Informationen zu den einzelnen Kategorien. Es wurden insgesamt 12 von 20 ausgeteilten Fragebögen zurückgegeben. Bei einigen Fragen waren Mehrfachnennungen möglich, daher überschreitet die Anzahl der gegebenen Antworten die Anzahl der abgegebenen Fragebögen.

Kategorie: Handy-Erfahrungen mit dem Schüler	Anzahl der gegebenen Antworten
Positive	1
Positive und negative	1
Negative	0
Keine	10
Keine Angaben	0

Tab. 14: Auswertung der Lehrer-Fragebögen, Teil 1

In dieser Tabelle werden die von den Lehrern angegebenen Erfahrungen aufgezeigt, die sie mit Schülern im Bezug auf Handys gemacht haben. Beachtenswert dabei ist, dass zehn von zwölf Befragten keine Erfahrungen diesbezüglich gemacht haben. Dies ist ein ähnliches Ergebnis wie bei der Auswertung der Eltern-Fragebögen. Dies lässt sich wie bereits beschrieben, vermutlich auf die ländliche Region der untersuchten Schule zurückführen. Lediglich eine Lehrkraft berichtet von positiven Erfahrungen. Dies wird mit „Lernen den Umgang mit Kommunikation" begründet. Ein weiterer Lehrer benennt sowohl positive als auch negative Erfahrungen gemacht zu haben. Diese werden mit „Positive: Bus verpasst – in der Schule angerufen" und „Negative: im Unterricht telefoniert" beschrieben.

Kategorie: Von Schülern häufig genutzte Funktionen	Anzahl der gegebenen Antworten
Telefonieren	6
SMS schreiben	6
Spiele spielen	8
Musik hören	2
Fotos	5
Sonstiges (Klingeltöne, Logos runterladen)	2
Individuelle Anmerkungen	2
Keine Angaben	0

Tab. 15: Auswertung der Lehrer-Fragebögen, Teil 2

Diese Aufstellung gibt Auskunft über die von den Schülern am häufigsten genutzten Funktionen. Dabei beurteilt das Lehrerkollegium das Spiele spielen mit dem Handy als die am häufigsten genutzte Funktion. Danach folgen Funktionen wie Telefonieren und SMS schreiben sowie das Erstellen von Fotos. Das Musik hören oder das Herunterladen von Klingeltönen und Logos werden nur je zweimal erwähnt. Zwei

Lehrkräfte haben zu dieser Frage individuelle Anmerkungen gemacht wie z.B. „Angeben" oder „Hantieren".

Kategorie: Vorteile des Handys für den Schüler	Anzahl der gegebenen Antworten
Sie sind immer erreichbar	4
Sie können immer jemanden anrufen	4
Sie sind unabhängiger	4
Ihr Verantwortungsbewusstsein wird gefördert	5
Sie und die Eltern fühlen sich sicherer	9
Individuelle Anmerkungen	1
Keine Angaben	0

Tab. 16: Auswertung der Lehrer-Fragebögen, Teil 3

Anhand dieser Tabelle lässt sich die Einschätzung der Lehrkräfte bezüglich der Vorteile des Handys für den Schüler ablesen. Dabei ist auffällig, dass der Sicherheitsaspekt von neun von zwölf Lehrern als Vorteil eingestuft wird. Weiterhin werden die Förderung des Verantwortungsbewusstseins, die ständige Erreichbarkeit sowie die Unabhängigkeit der Schüler als Vorteil gesehen. Ein Lehrer hat „Selbstständigkeit fördern" als individuelle Anmerkung notiert.

Kategorie: Nachteile des Handys für den Schüler	Anzahl der gegebenen Antworten
Es könnten hohe Kosten bzw. Schulden entstehen	9
Die Schüler könnten süchtig werden	3
Die Schüler könnten Strahlungen ausgesetzt sein	3
Die Schüler könnten in einen Gruppenzwang geraten	7
Die Schüler könnten sich kontrolliert fühlen	3
Die Schüler könnten mit nicht altersgerechten, jugendgefährdenden Inhalten konfrontiert werden	6
Individuelle Anmerkungen	0
Keine Angaben	0

Tab. 17: Auswertung der Lehrer-Fragebögen, Teil 4

Die obige Tabelle ermöglicht Rückschlüsse über die von dem Kollegium eingeschätzten Nachteile von Handys für die Schüler. Dabei ist beachtenswert, dass neun von zwölf Befragten die mögliche Kosten- bzw. Schuldenfalle als Nachteil sehen. Zudem benennen sieben Lehrkräfte den denkbaren Gruppenzwang, in den die Schüler geraten könnten sowie die mögliche Konfrontation der Schüler mit nicht altersgerechten, jugendgefährdenden Inhalten als Nachteile. Jeweils drei Lehrer bezeichnen den Suchtfaktor sowie die Möglichkeit, Strahlungen oder einer ständigen Kontrolle ausgesetzt zu sein als Nachteil.

Kategorie: Unterrichtsgegenstand Handy	Anzahl der gegebenen Antworten
Sehr sinnvoll	0
Sinnvoll	10
Weniger sinnvoll	1
Unsinnig	1
Keine Angaben	0

Tab. 18: Auswertung der Lehrer-Fragebögen, Teil 5

Durch diese Aufstellung werden die Beurteilungen der Lehrkräfte bezüglich eines Handys als Unterrichtsthema dargestellt. Dabei zeigt sich, dass zehn von zwölf befragten Lehrern dieses Thema als ‚sinnvoll' ansehen. Lediglich eine Lehrkraft bezeichnet dieses Thema als ‚weniger sinnvoll' und eine Lehrkraft findet es ‚unsinnig'.

Kategorie: Trainingskurs zum Handy in der Schule	Anzahl der gegebenen Antworten
Sehr sinnvoll	0
Sinnvoll	9
Weniger sinnvoll	2
Unsinnig	1
Keine Angaben	0

Tab. 19: Auswertung der Lehrer-Fragebögen, Teil 6

Anhand dieser Tabelle lassen sich die Bewertungen des Kollegiums bezüglich eines Trainingskurses zum Thema Handy in der Schule ablesen. Dabei kristallisierte sich heraus, dass neun von zwölf Befragten einen solchen Kurs für ‚sinnvoll' halten. Zwei Lehrkräfte finden einen Trainingskurs ‚weniger sinnvoll' und ein Lehrer bezeichnet ihn als ‚unsinnig'.

Kategorie: Leichte Handhabung des Handys für den Schüler	Anzahl der gegebenen Antworten
Telefonieren	5
SMS schreiben und verschicken	2
Fotos machen	6
Daten verschicken (z.b. Fotos, Logos, Klingeltöne…)	0
Daten runterladen (z.b. Logos, Klingeltöne…)	0
Einstellungen ändern (z.b. Uhrzeit, Logo…)	2
Individuelle Anmerkungen	0
Keine Angaben	1

Tab. 20: Auswertung der Lehrer-Fragebögen, Teil 7

Diese Tabelle gibt Aufschluss über die von den Lehrern eingeschätzten leicht zu bedienenden Funktionen des Handys für den Schüler. Sechs von zwölf befragten Lehrkräften halten das Erstellen von Fotos für eine von den Schülern beherrschte Funktion. Danach folgt mit fünf Antworten das Telefonieren als leichte Funktion für die Schüler. Das SMS schreiben oder das Ändern von Einstellungen wird von je zwei Lehrkräften als eine von den Schülern beherrschte Funktion benannt. Ein Lehrer hat diesbezüglich keine Angaben gemacht.

Kategorie: Schwierige Handhabung des Handys für den Schüler	Anzahl der gegebenen Antworten
Telefonieren	1
SMS schreiben und verschicken	7
Fotos machen	0
Daten verschicken (z.B. Fotos, Logos, Klingeltöne…)	5
Daten runterladen (z.B. Logos, Klingeltöne…)	6
Einstellungen ändern (z.B. Uhrzeit, Logo…)	5
Individuelle Anmerkungen	0
Keine Angaben	1

Tab. 21: Auswertung der Lehrer-Fragebögen, Teil 8

Durch diese Aufstellung lassen sich die von den Lehrern eingeschätzten schwierigen Funktionen für die Schüler ablesen. Dabei ist auffällig, dass von den meisten Lehrkräften das SMS schreiben und verschicken als schwierige Funktion eingestuft wird. Danach folgen sogleich Funktionen wie das Herunterladen bzw. Verschicken von Daten sowie das Ändern der Einstellungen. Das Telefonieren und Fotos machen mit dem Handy wird von nur einer bzw. keiner Lehrkraft benannt. Ein Lehrer hat diesbezüglich keine Angaben gemacht.

Kategorie: Kriterien für ein spezielles Handy	Anzahl der gegebenen Antworten
Große Tasten, großes Display	Sehr sinnvoll=7 sinnvoll=5 weniger sinnvoll=0 unsinnig=0 keine Angaben=0
Vereinfachte Menüführung	Sehr sinnvoll=10 sinnvoll=2 weniger sinnvoll=1 unsinnig=0 keine Angaben=1
Getrennte Ziffern- und Buchstabentasten	Sehr sinnvoll=5 sinnvoll=5 weniger sinnvoll=0 unsinnig= 0 keine Angaben=1
Buchstaben- und Kurzwahltasten mit Bildhinterlegung	Sehr sinnvoll=5 sinnvoll=5 weniger sinnvoll=0 unsinnig=0 keine Angaben=2
Eingeschränkte Funktionen	Sehr sinnvoll=8 sinnvoll=2 weniger sinnvoll=1 unsinnig=0 keine Angaben=1
Symbolische Darstellung der Menüfunktionen	Sehr sinnvoll=6 sinnvoll=2 weniger sinnvoll=2 unsinnig=0 keine Angaben=2
SMS-Funktion mit Symbolen	Sehr sinnvoll=5 sinnvoll=3 weniger sinnvoll=2 unsinnig=0 keine Angaben=2

Tab. 22: Auswertung der Lehrer-Fragebögen, Teil 9

Diese Tabelle stellt die Lehrer-Bewertungen der von mir erstellten Kriterien für ein spezielles Handy für Menschen mit geistiger Behinderung dar. Hinsichtlich dessen werden Kriterien wie z.B. ‚Große Tasten und großes Display' sowie ‚Vereinfachte Menüführung' von den meisten Befragten mit ‚sehr sinnvoll' oder ‚sinnvoll' beurteilt.

Ebenso werden neben den Kriterien ‚Getrennte Ziffern- und Buchstabentasten' und ‚Buchstaben- und Kurzwahltasten mit Bildhinterlegung' auch das Kriterium ‚Eingeschränkte Funktionen wie z.b. Rufnummernsperre' von vielen befragten Lehrkräften als ‚sehr sinnvoll' oder ‚sinnvoll' eingestuft. Die übrigen Kriterien ‚Symbolische Darstellung von Menüfunktionen' und ‚SMS-Funktion mit Symbolen' wurden ebenfalls von einigen Befragten mit ‚sehr sinnvoll' oder ‚sinnvoll' bewertet. Einige Lehrkräfte haben zu einzelnen Kriterien keine Beurteilungsangaben gemacht. Dies könnte darauf zurückzuführen sein, dass genau wie bei den Eltern-Fragebögen, aus Platzgründen keine ausführlichen Erklärungen zu den einzelnen Kriterien aufgeführt waren.

6.4.5 Zusammenfassung und Interpretation

Im Folgenden werden die Ergebnisse der Schüler-Interviews, der Eltern-Fragebögen sowie der Lehrer-Fragebögen in einer Tabelle einander gegenübergestellt. Diese werden nachfolgend zusammengefasst und interpretiert.

Kategorien	Antworten aus den Schüler-Interviews	Antworten aus den Eltern-Fragebögen	Antworten aus den Lehrer-Fragebögen
Handy-Erfahrungen	- Positiv=4 - Negativ=0 - Positiv+Negativ=1 - Keine=3	- Positiv=2 - Negativ=3 - Positiv+Negativ=3 - Keine=10	- Positiv=1 - Negativ=0 - Positiv+Negativ=1 - Keine=10
Häufig genutzte Funktionen	- Telefonieren=4 - SMS schreiben=6 - Spiele spielen=6 - Musik hören=4 - Fotos machen=1 - Sonstiges=0 - Individuelle Anmerkungen=0 - Keine Angaben=0	- Telefonieren=4 - SMS schreiben=2 - Spiele spielen=4 - Musik hören=1 - Fotos machen=4 - Sonstiges=0 - Individuelle Anmerkungen=5 - Keine Angaben=5	- Telefonieren=6 - SMS schreiben=6 - Spiele spielen=8 - Musik hören=2 - Fotos machen=5 - Sonstiges=2 - Individuelle Anmerkungen=2 - Keine Angaben=0
Stellenwert des Handys	- Sehr wichtig=5 - Wichtig=1 - Weniger wichtig=0 - Ist mir egal=2 - Keine Angaben=0	- Sehr wichtig=1 - Wichtig=5 - Weniger wichtig=9 - Ist mir egal=1 - Keine Angaben=0	---
Vorteile des Handys	- Ständige Erreichbarkeit=2 - Möglichkeit, immer jmd. anzurufen=4 - Möglichkeit, SMS zu schreiben=0 - Sicheres Gefühl=3 - Cooler=2 - Unabhängigkeit= -- - Förderung des Verantwortungs-bewusstseins= -- - Individuelle Anmerkungen=1 - Keine Angaben=0	- Ständige Erreichbarkeit=8 - Möglichkeit, immer jmd. anzurufen=9 - Möglichkeit, SMS zu schreiben= -- - Sicheres Gefühl=5 - Cooler= -- - Unabhängigkeit=2 - Förderung des Verantwortungs-bewusstseins=2 - Individuelle Anmerkungen=5 - Keine Angaben=1	- Ständige Erreichbarkeit=4 - Möglichkeit, immer jmd. anzurufen=4 - Möglichkeit, SMS zu schreiben= -- - Sicheres Gefühl=9 - Cooler= -- - Unabhängigkeit=4 - Förderung des Verantwortungs-bewusstseins=5 - Individuelle Anmerkungen=1 - Keine Angaben=0
Nachteile des Handys	- Hohe Kosten/ Schulden=2 - Sucht=0 - Ständige Kontrolle=3 - Strahlungen=0 - Gruppenzwang= -- - nicht altersgerechte Inhalte= -- - Individuelle Anmerkungen=0 - Keine Angaben=4	- Hohe Kosten/ Schulden=6 - Sucht=6 - Ständige Kontrolle=6 - Strahlungen=3 - Gruppenzwang=3 - nicht altersgerechte Inhalte=4 - Individuelle Anmerkungen=0 - Keine Angaben=0	- Hohe Kosten/ Schulden=9 - Sucht=3 - Ständige Kontrolle=3 - Strahlungen=3 - Gruppenzwang=7 - nicht altersgerechte Inhalte=6 - Individuelle Anmerkungen=0 - Keine Angaben=0

Tab. 23: Gesamtauswertung der Schüler-Interviews, Eltern- und Lehrer-Fragebögen, Teil 1

Unterrichts-gegenstand Handy	- Sehr sinnvoll=3 - Sinnvoll=5 - Weniger sinnvoll=0 - Unsinnig=0 - Keine Angaben=0	- Sehr sinnvoll=3 - Sinnvoll=8 - Weniger sinnvoll=3 - Unsinnig=2 - Keine Angaben=1	- Sehr sinnvoll=0 - Sinnvoll=10 - Weniger sinnvoll=1 - Unsinnig=1 - Keine Angaben=0
Trainings-kurs in der Schule	- Sehr sinnvoll=0 - Sinnvoll=6 - Weniger sinnvoll=0 - Unsinnig=2 - Keine Angaben=0	---	- Sehr sinnvoll=0 - Sinnvoll=9 - Weniger sinnvoll=2 - Unsinnig=1 - Keine Angaben=0
Leichte Handhabung des Handys	- Telefonieren=1 - SMS schreiben=3 - Fotos machen=4 - Daten verschicken=0 - Daten runterladen=1 - Einstellungen ändern=3 - Individuelle Anmerkungen=0 - Keine Angaben=0	- Telefonieren=1 - SMS schreiben=0 - Fotos machen=1 - Daten verschicken=0 - Daten runterladen=0 - Einstellungen ändern=1 - Individuelle Anmerkungen=5 - Keine Angaben=10	- Telefonieren=5 - SMS schreiben=2 - Fotos machen=6 - Daten verschicken=0 - Daten runterladen=0 - Einstellungen ändern=2 - Individuelle Anmerkungen=0 - Keine Angaben=1
Schwierige Handhabung des Handys	- Telefonieren=0 - SMS schreiben=3 - Fotos machen=0 - Daten verschicken=3 - Daten runterladen=0 - Einstellungen ändern=3 - Individuelle Anmerkungen=0 - Keine Angaben=0	- Telefonieren=7 - SMS schreiben=9 - Fotos machen=5 - Daten verschicken=7 - Daten runterladen=7 - Einstellungen ändern=9 - Individuelle Anmerkungen=1 - Keine Angaben=6	- Telefonieren=1 - SMS schreiben=7 - Fotos machen=0 - Daten verschicken=5 - Daten runterladen=6 - Einstellungen ändern=5 - Individuelle Anmerkungen=0 - Keine Angaben=1
Kriterien für ein spezielles Handy/ Eigen-schaften eines Wunsch-handys	Sehr sinnvoll + sinnvoll: - Große Tasten, großes Display=4 - Einfachere Menüführung=2 - Getrennte Ziffern- u. Buchstaben tasten= -- - Buchstaben- u. Kurzwahltasten mit Bildhinterlegung= -- - Eingeschränkte Funktionen= -- - Symbolische Darstellung der Menüfunktionen= -- - SMS-Funktion mit Symbolen= --	Sehr sinnvoll + sinnvoll: - Große Tasten, großes Display=15 - Einfachere Menüführung=16 - Getrennte Ziffern- u. Buchstaben tasten=14 - Buchstaben- u. Kurzwahltasten mit Bildhinterlegung=15 - Eingeschränkte Funktionen=15 - Symbolische Darstellung der Menüfunktionen=12 - SMS-Funktion mit Symbolen=9	Sehr sinnvoll + sinnvoll: - Große Tasten, großes Display=12 - Einfachere Menüführung=12 - Getrennte Ziffern- u. Buchstaben tasten=10 - Buchstaben- u. Kurzwahltasten mit Bildhinterlegung=10 - Eingeschränkte Funktionen=10 - Symbolische Darstellung der Menüfunktionen=8 - SMS-Funktion mit Symbolen=8

Tab. 24: Gesamtauswertung der Schüler-Interviews, Eltern- und Lehrer-Fragebögen, Teil 2

Zusammenfassend lässt sich sagen, dass Schüler mit geistiger Behinderung sowie deren Eltern und Lehrer dem Handy als Gebrauchsgegenstand eher positiv gegenüberstehen. Es haben zwar bisher wenig Eltern und Lehrer positive Erfahrungen mit Handys bezüglich ihrer Kinder oder Schüler gemacht, aber sie sehen in dem Handy eine ganze Reihe von Vorteilen wie z.b. eine ständige Erreichbarkeit, die Möglichkeit, immer jemanden anrufen zu können, den Sicherheitsaspekt sowie eine Unabhängigkeit und die Förderung des Verantwortungsbewusstseins. Die befragten Schüler berichten überwiegend von positiven Erfahrungen und stufen das Handy auch mehrheitlich als für sie ‚sehr wichtig' ein. Demgegenüber halten die meisten befragten Eltern von Schülern mit geistiger Behinderung trotz der vielen angegebenen Vorteile das Handy für ihre Kinder für ‚weniger wichtig'. Diese Tatsache wird sich in Untersuchungen in Regelschulen zu diesem Thema wahrscheinlich ebenso finden lassen, weil der Handy-Besitz für Kinder und Jugendliche immer eine größere Bedeutung hat als für deren Eltern (vgl. Punkt 4.4). Die Lehrer wurden auf dem Fragebogen diesbezüglich nicht befragt, weil der Handy-Stellenwert für Schüler für sie vermutlich schwierig einzuschätzen ist und es sie zudem selbst nicht direkt betrifft, ob ihre Schüler ein Handy haben oder nicht.

Die Frage nach den häufig genutzten Funktionen der kind- und jugendlichen Handynutzer mit geistiger Behinderung wurde von den drei befragten Parteien überwiegend gleich beantwortet. Dabei steht das Telefonieren, SMS schreiben und Spiele spielen dicht gefolgt vom Erstellen von Fotos im Vordergrund. Diese Ergebnisse unterscheiden sich ebenfalls nicht von den Angaben der am häufigsten genutzten Funktionen von Kindern und Jugendlichen ohne geistige Behinderung (vgl. Punkt 4.4.2). Gerade der Aspekt des Telefonierens bzw. die Erreichbarkeit und die Möglichkeit, immer jemanden anrufen zu können, spiegeln einen großen Nutzen des Handys für Menschen mit geistiger Behinderung wider. Weiter sind Funktionen wie Spiele spielen, SMS schreiben und Fotos machen hinsichtlich dessen beachtenswert, weil sie eine Integration der Kinder und Jugendlichen mit geistiger Behinderung in die große Gruppe der Handynutzer gewährleisten können (vgl. Punkt 4.6).

Die von den Befragten genannten Nachteile, die Handys mit sich bringen können, werden von den drei befragten Parteien ebenfalls etwa gleich eingeschätzt. Dabei kristallisiert sich der Kosten- bzw. Schuldenfaktor neben der Angst einer ständigen

Kontrolle zu unterliegen, heraus. Den Schülern ist von einer möglichen Handy-Sucht nichts bekannt, während die Eltern und Lehrer dieses als Gefahr durch den Handygebrauch einstufen. Weiterhin befürchten Eltern und Lehrer, ihr Kind bzw. Schüler könnte durch die neue Handy-Generation in einen Gruppenzwang geraten und zudem mit nicht altersgerechten, jugendgefährdenden Inhalten konfrontiert werden. Diesbezüglich wurden die Schüler nicht befragt, weil diese Aspekte im Schülergespräch mit Kindern und Jugendlichen mit einer geistigen Behinderung schwierig aufzugreifen sind. Diese Themen eignen sich vermutlich besser in einer Untersuchung zu dieser Thematik in einer Regelschule. Ein weiterer wichtiger Nachteil, der von mehreren Eltern und Lehrer dargelegt, aber von den Schülern vollkommen außer Acht gelassen wurde, ist die mögliche Strahlung, die von einem Handy auf den Menschen ausgeht. Diesbezüglich haben die Schüler keine Angaben gemacht und auf Nachfrage erläutert, davon noch nie etwas gehört zu haben (vgl. Punkt 3.3).

Das Handy als Unterrichtsgegenstand wurde mit geteilten Meinungen der drei befragten Gruppen beurteilt. Während die Schülerschaft und ein großer Teil der Eltern dieser Thematik sehr offen gegenübersteht und dies mit ‚sehr sinnvoll‘ oder ‚sinnvoll‘ bewertet, beurteilen einige der Eltern dieses Thema als Unterrichtsinhalt mit ‚weniger sinnvoll‘ oder ‚unsinnig‘. Auch die meisten Lehrer stufen das Handy als Unterrichtsgegenstand mit ‚sinnvoll‘ ein. Diese Ergebnisse zeigen mehrheitlich, dass das Handy als eines der neuen Medien Einzug in die Schulen halten sollte und der Bedarf, es im Unterricht näher zu betrachten, vorhanden ist (vgl. Punkt 5).

Hinsichtlich eines Trainingskurses zur besseren Übung des Umgangs mit dem Handy sind die Befragungsergebnisse sehr ähnlich. Die Mehrheit sowohl der Schüler als auch der Lehrer bewertet einen solchen Kurs mit ‚sinnvoll‘. Die Eltern wurden diesbezüglich zum einen aus Platzgründen auf dem Fragebogen nicht befragt und zum anderen, weil sich die Schüler und Lehrer als bessere Experten für die Unterrichtsfragen anboten (vgl. Punkt 5.4).

Bei der Befragung nach den besonders einfach zu handhabenden Funktionen überschneiden sich die Antworten der Schüler, Eltern und Lehrer nur teilweise. Während viele der Schüler benennen, besonders das Erstellen von Fotos, das Schreiben von SMS sowie das Ändern von Einstellungen wie z.B. der Uhrzeit fällt ihnen leicht, werden von den Eltern diesbezüglich mehrheitlich keine Angaben gemacht. Dies lässt vermuten, dass die Eltern dies entweder schwer einschätzen können oder dass sie die Frage nicht verstanden haben. Einige Eltern haben unter dem Punkt ,individuelle Anmerkungen' notiert, ihr Kind beherrscht keine von den in den vorgefertigten Antworten beschriebenen Funktionen besonders gut. Einige wenige Elternteile bewerten als leicht zu handhabende Funktion das Telefonieren, das Erstellen von Fotos und das Ändern von Einstellungen. Die Lehrkräfte schätzen das Können ihrer Schüler etwas höher ein. Die meisten Lehrer geben an, den Schülern würden besonders das Telefonieren sowie das Erstellen von Fotos leicht fallen. Das Schreiben von SMS sowie die Änderung von Einstellungen stufen die Lehrkräfte ebenfalls als leicht zu handhabende Funktion für die Schüler ein.

Bezüglich der schwierig zu handhabenden Funktionen für die Schüler, gehen die Meinungen der drei befragten Gruppen zum Teil wieder auseinander. Die Schüler benennen teilweise das SMS schreiben, das Verschicken von Daten sowie die Änderung von Einstellungen als schwierig. Dabei ist auffällig, dass auch unter den Schülern eine Uneinigkeit besteht. Die Befragten von der elterlichen Seite legen dar, dass sie alle angegebenen Funktionen als schwer zu handhabende Funktionen einschätzen. Dabei sieht es bei den Angaben der Lehrkräfte sehr ähnlich aus. Mit Ausnahme des Erstellens von Fotos und des Telefonierens, stufen auch die Lehrer alle angegebenen Funktionen als schwierig für die Schüler ein. Diese Ergebnisse würden wahrscheinlich in einer Untersuchung an einer Regelschule hinsichtlich dieser Thematik nicht vorliegen. Es ist nicht zu verleugnen, dass komplexe Funktionen wie das Verfassen und Versenden einer SMS für Schüler mit dem Förderschwerpunkt Geistige Entwicklung schwieriger zu handhaben ist, als für Schüler ohne geistige Behinderung. Dies beginnt bereits bei der Auswahl in der Menüführung, geht weiter mit der Verschriftlichung verschiedener Wörter und endet bei der Tastenkombination zum Versenden der SMS. Diese Handlungsschritte sind für Schüler mit geistiger Behinderung schwierig zu bewältigen. Das Gleiche gilt für Funktionen wie z.B. Daten verschicken oder herunterladen sowie Einstellungen ändern. Besonders für die Handhabung solcher Funktionen ist eine Erarbeitung des Handys im Unterricht sowie ein Trainingskurs für Schüler, die ein Handy nutzen wollen und körperlich auch dazu in der Lage sind, unabdingbar (vgl. Punkt 4.6 und 5.4).

Ein abschließender Punkt im Rahmen sowohl der Schüler-Interviews als auch der Eltern- und Lehrer-Fragebögen, ist die Bewertung von Kriterien für ein spezielles Handy für Menschen mit geistiger Behinderung. Hinsichtlich der Schüler-Interviews wurden die Schüler zu Eigenschaften eines Wunschhandys befragt. Dabei hatten sie die Möglichkeit, sich frei zu äußern. Daher stimmen die Kategorie-Unterpunkte der Schüler-Interviews nicht mit denen der Eltern- und Lehrer-Fragebögen überein. Die Hälfte der befragten Schüler wünscht sich als Eigenschaft eines Traumhandys ‚große Tasten und ein großes Display'. Diesem stimmen die meisten der befragten Eltern und Lehrer zu. Weiterhin nennen die Schüler eine ‚einfachere Menüführung' als Eigenschaft und auch dies entspricht der Beurteilung der befragten Eltern und Lehrer. Auch die anderen Kriterien wie z.B. ‚getrennte Ziffern- und Buchstabentasten', ‚Buchstaben- und Kurzwahltasten mit Bildhinterlegung' sowie ‚Eingeschränkte Funktionen' des Handys, ‚symbolische Darstellung der Menüfunktionen' oder ‚SMS-Funktion mit Symbolen' finden bei den befragten Elternteilen und Lehrkräften großen Anklang. Diesbezüglich habe ich leider keine Informationen der Schüler, weil sie bei dieser Frage, wie bereits erwähnt, freie Antwortmöglichkeiten hatten. Die Ergebnisse der Kriterienbewertung sprechen dafür, den Bedürfnissen und Fähigkeiten der Nutzer mehr Beachtung zu schenken. Vermutlich wäre eine Umsetzung eines Vorschlags für ein spezielles Handy für Menschen mit geistiger Behinderung sehr schwierig, aber diese Ergebnisse zeigen, dass der Bedarf vorhanden ist (vgl. Punkt 4.3.3).

7. Schlussbetrachtung

Die vorangegangenen Ausführungen verdeutlichen die besondere Stellung von Handys in der Lebenswelt von Kindern und Jugendlichen, sowohl mit als auch ohne geistiger Behinderung. Weiterhin wird aufgezeigt, dass Schüler mit dem Förderschwerpunkt Geistige Entwicklung keine differenten Beweggründe für die Handynutzung haben als Schüler ohne geistige Behinderung. Sofern hinsichtlich dessen Unterschiede benannt werden können, beziehen sich diese auf die Handhabung der Technik bzw. Schwierigkeiten mit der Menüführung eines Mobiltelefons. Diesbezüglich ist es sinnvoll, die Frage nach der Beschaffenheit eines Handys für Menschen mit geistiger Behinderung noch einmal aufzugreifen. Wie bereits erwähnt, lassen sich die von mir entwickelten Kriterien für ein spezielles Gerät vermutlich nur schwer verwirklichen. Vor allem stellt sich dabei die Frage, ob es wirklich Mobiltelefonhersteller gibt, die bereit wären, sich dieser großen Zielgruppe zuzuwenden, die so heterogen ist, dass es wiederum schwierig ist, *ein* Gerät zu entwickeln, dass allen Bedürfnissen dieser Zielgruppe entsprechen kann. Die gewünschte Berücksichtigung der Kriterien gestaltet sich vor allem schwierig, weil die Schweregrade der Behinderungen so weit auseinander gehen. Um aber dieser Zielgruppe trotzdem gerecht zu werden und geistig behinderte handyinteressierte Menschen nicht vollkommen außer Acht zu lassen, wäre es sinnvoll, eine Mobiltelefon-Software zu entwickeln, die sich auf die Bedürfnisse und Fähigkeiten des geistig behinderten Nutzers anpassen und auf jedes beliebige Handy aufspielen lässt. Durch solch eine Lösung müssten nicht extra teure Spezialgeräte erstellt werden, vor allem weil der Kinder- und Seniorenhandymarkt zahlreiche Geräte mit großen Tasten, großem Display und vereinfachten Funktionen bereithält, die sich dadurch auch für den Gebrauch von geistig behinderten Menschen anbieten.

Weiterhin stellt sich die Frage nach dem Nutzen von Handys für Menschen mit geistiger Behinderung. Neben den bereits ausgeführten Handy-Vorteilen, die im Rahmen der Untersuchung auch von Schülern, Eltern und Lehrern benannt wurden, wird im Folgenden der Nutzen von Handys für diese Zielgruppe noch einmal zusammengefasst. Grundsätzlich ist dazu zu sagen, dass es schwierig ist, den Nutzen von Handys speziell für diese Zielgruppe festzulegen, weil sich die Funktionen immer auch auf Kinder und Jugendliche ohne geistige Behinderung beziehen lassen.

> Das Handy ist besonders für Menschen mit geistiger Behinderung ein wichtiger Sicherheitsfaktor (z.b. bei einem Notfall Hilfe rufen können oder auch Beruhigung der Bezugspersonen durch ständige Erreichbarkeit).

> Das Handy dient zur Organisation des Alltags (z.b. Vereinbarungen von Abholdiensten mit Eltern, Taxen usw., aber auch Vereinbarungen unter Freunden).

> Das Handy erfüllt eine wichtige Beziehungsfunktion (z.b. Pflegen von Freundschaften, Annäherungen an andere usw.).

> Das Handy dient den Kindern und Jugendlichen mit geistiger Behinderung zur Identitätsfindung (z.b. Persönlichkeit wird dargestellt und gefestigt, zu Peer-Groups dazugehören usw.)

> Das Handy kann zur Unterhaltung dienen (z.b. Wartezeiten oder langweilig empfundene Aktivitäten durch Handy-Spiele überbrücken usw.).

> Das Handy erfüllt eine Informationsfunktion (z.b. Lernprogramme und Internet usw. nutzen).

> Das Handy erfüllt eine Empowermentfunktion (z.b. kann das Handy zu mehr Selbstständigkeit führen und so Ablöseprozesse initiieren).

> Das Handy dient als Sozialisationsfunktion (z.b. lernen die Kinder und Jugendlichen mit geistiger Behinderung durch den Gebrauch des Handys soziale Normen und Regeln kennen, wie z.B. wann und wo die Nutzung angemessen ist oder nicht usw.).

> Der Umgang mit dem Handy erweitert die Medienkompetenz (z.B. erweitern die Kinder und Jugendlichen mit geistiger Behinderung ihre Fähig- und Fertigkeiten durch den Umgang mit dem Handy (Tasten oder Tastenkombinationen drücken, Transfer von gezeigten Funktionen auf das eigene Testen usw.))

(vgl. DÖRING 2006, 52ff)

Zudem erfüllt der Umgang mit Handys einen für Kinder und Jugendliche mit geistiger Behinderung sehr wichtigen Nutzen:

> Das Handy erfüllt eine Integrationsfunktion (z.B. fühlen sich geistig behinderte Handynutzer dazugehörig zur großen Handynutzer-Masse).

Neben dem Nutzen, birgt der Handygebrauch aber auch viele Gefahren. Diese werden im Folgenden zusammengefasst. Auch an dieser Stelle ist es beachtenswert, dass eine Trennung der potentiellen Gefahren zwischen Handynutzern mit und ohne geistiger Behinderung sehr schwierig ist.

> Der Handy-Gebrauch birgt finanzielle Gefahren (z.B. Verschuldung durch zu starken Handykonsum).
> Das Handy birgt gesundheitliche Risiken (z.B. Strahlungen, erhöhte Unfallgefahr bei Handynutzung als Radfahrer oder Fußgänger oder Veränderung der Lebensweise).
> Vom Handy gehen kriminelle Risiken aus (z.B. können Handynutzer Opfer krimineller Aktivitäten werden wie Handy-Diebstahl, Handy-Viren usw.)
> Durch das Handy können problematische Medieninhalte verbreitet werden (z.B. entwicklungsbeeinträchtigende oder jugendgefährdende Inhalte durch MMS erhalten und weiterverschicken).
> Es kann eine normverletzende Handynutzung erfolgen (z.B. unangemessenes Handynutzungs-Verhalten wie im Schulunterricht, in der Kirche, im Kino usw.)
> Der Handy-Gebrauch kann zu einer Abhängigkeit führen (z.B. Handy-Sucht, SMS-Sucht, Telefonier-Sucht usw.)
> Das Handy kann zu einem Gruppenzwang führen (z.B. Außenseiter sein, wenn man kein Handy hat usw.).

(vgl. DÖRING 2006, 60ff)

Bei den aufgezeigten Gefahren muss davon ausgegangen werden, dass gerade Kinder und Jugendliche mit dem Förderschwerpunkt Geistige Entwicklung schneller zum Opfer werden können als Heranwachsende ohne geistige Behinderung.

Aufgrund dessen und weil die Handys aus den heutigen Kinder- und Jugendzimmern nicht mehr wegzudenken sind, sollte auch die Schule den Bildungsauftrag annehmen, sich diesem neuen Medium zuzuwenden. Es erweist sich sicherlich nicht nur in der Regelschule als sinnvoll, das Handy zum Unterrichtsgegenstand zu machen und dabei sowohl den Nutzen als auch die möglichen Gefahren dieses Mediums zu thematisieren. Insbesondere die Schule mit dem Förderschwerpunkt Geistige Entwicklung sollte sich an der Lebens- und Erfahrungswelt der Schüler orientieren und muss daher auch die Medien, und damit auch das Mobiltelefon, mit einbeziehen.

8. Literatur

8.1 Bücher

- ANFANG, GÜNTHER/ DEMMLER, KATHRIN/ ERTELT, JÜRGEN/ SCHMIDT, ULRIKE (2006). Handy. Eine Herausforderung für die Pädagogik. München: Kopäd-Verlag.
- AUFENANGER, STEFAN (1991). Medienerziehung in Kindergarten und Grundschule im Zeitalter der Neuen Medien. In: Aufenanger, S. (1991). *Neue Medien – Neue Pädagogik? Ein Lese- und Arbeitsbuch zur Medienerziehung in Kindergarten und Grundschule.* (11 – 18). Bonn: Bundeszentrale für politische Bildung.
- AUFENANGER, STEFAN (2000). Ziele und Konzepte der Medienpädagogik. In: Schäfer D./ Hille, A. (Hrsg.). *Medienpädagogik. Ein Lehr- und Arbeitsbuch für sozialpädagogische Berufe.* (17 – 25). Freiburg im Breisgau: Lambertus-Verlag.
- BACH, HEINZ (1976). Sonderpädagogik im Grundriss. Berlin: Carl Marhold Verlagsbuchhandlung.
- BORTZ, JÜRGEN/ DÖRING, NICOLA (2006). Forschungsmethoden und Evaluation für Human- und Sozialwissenschaftler. Berlin: Springer-Verlag.
- DÖRING, NICOLA (2006). Handy Kids: Wozu brauchen sie das Mobiltelefon? In: Dittler, Ulrich/ Hoyer, Michael (Hrsg.) (2006). *Machen Computer Kinder dumm? Wirkung interaktiver, digitaler Medien auf Kinder und Jugendliche aus medienpsychologischer und mediendidaktischer Sicht.* (45 – 65). München: Kopäd-Verlag.
- FAULSTICH, WERNER (2004). Medienwissenschaft. Paderborn: Wilhelm Fink Verlag GmbH & Co. KG.
- FEIERABEND, SABINE/ KLINGLER, WALTER (1998). Jugend, Information, (Multi-) Media. JIM-Studie 1998. Basisuntersuchung zum Medienumgang 12- bis 19-Jähriger in Deutschland. Baden-Baden: Medienpädagogischer Forschungsverbund Südwest.
- FEIERABEND, SABINE/ KLINGLER, WALTER (1999). Kinder und Medien. KIM-Studie 1999. Basisuntersuchung zum Medienumgang 6- bis 13-Jähriger

in Deutschland. Baden-Baden: Medienpädagogischer Forschungsverbund Südwest.

- FEIERABEND, SABINE/ KLINGLER, WALTER (2000). Kinder und Medien. Computer und Internet. KIM-Studie 2000. Basisuntersuchung zum Medienumgang 6- bis 13-Jähriger in Deutschland. Baden-Baden: Medienpädagogischer Forschungsverbund Südwest.
- FEIERABEND, SABINE/ KLINGLER, WALTER (2003). Jugend, Information, (Multi-) Media. JIM-Studie 2003. Basisuntersuchung zum Medienumgang 12- bis 19-Jähriger in Deutschland. Baden-Baden: Medienpädagogischer Forschungsverbund Südwest.
- FEIERABEND, SABINE/ KLINGLER, WALTER (2003). Kinder und Medien. Computer und Internet. KIM-Studie 2003. Basisuntersuchung zum Medienumgang 6- bis 13-Jähriger in Deutschland. Baden-Baden: Medienpädagogischer Forschungsverbund Südwest.
- FEIERABEND, SABINE/ RATHGEB, THOMAS (2006). Jugend, Information, (Multi-) Media. JIM-Studie 2006. Basisuntersuchung zum Medienumgang 12- bis 19-Jähriger in Deutschland. Stuttgart: Medienpädagogischer Forschungsverbund Südwest.
- FEIERABEND, SABINE/ RATHGEB, THOMAS (2006). Kinder und Medien. Computer und Internet. KIM-Studie 2006. Basisuntersuchung zum Medienumgang 6- bis 13-Jähriger in Deutschland. Stuttgart: Medienpädagogischer Forschungsverbund Südwest.
- FORNEFELD, BARBARA (2004). Einführung in die Geistigbehinderten-pädagogik. München: Ernst Reinhard Verlag.
- FRIEBERTSHÄUSER, BARBARA (1997). Interviewtechniken – ein Überblick. In: FRIEBERTSHÄUSER, B./ PRENGEL, A. *Handbuch Qualitative Forschungsmethoden in der Erziehungswissenschaft.*(371 – 395). München: Juventa-Verlag.
- HÜTHER, JÜRGEN (2005). Mediendidaktik. In: Hüther, J./ Schorb, B. *Grundbegriffe Medienpädagogik* (234 – 240). München: Kopäd Verlag.
- MESSINGER, HEINZ (1992). Langenscheidts Großes Schulwörterbuch. Englisch-Deutsch. Berlin und München: Langenscheidt KG.
- MEYEN, MICHAEL (2005). Massenmedien. In: Hüther, J./ Schorb, B. *Grundbegriffe Medienpädagogik* (228 – 234). München: Kopäd Verlag.

- MEYER, HERMANN (2000). Geistige Behinderungen. In: Borchert, Johann (Hrsg.) (2000). *Handbuch der Sonderpädagogischen Psychologie*. (60 – 75). Göttingen: Hogrefe-Verlag.
- MINISTERIUM FÜR BILDUNG; WISSENSCHAFT, FORSCHUNG UND KULTUR DES LANDES SCHLESWIG-HOLSTEIN (Hrsg.) (2002). Lehrplan Sonderschulen, Grundschule, weiterführende allgemeinbildende Schulen und berufsbildende Schulen. Sonderpädagogische Förderung. Glückstadt: Glückstädter Werkstätten.
- MINISTERIUM FÜR BILDUNG; WISSENSCHAFT, FORSCHUNG UND KULTUR DES LANDES SCHLESWIG-HOLSTEIN (Hrsg.) (2002). Lehrplan für die Sekundarstufe I der weiterführenden allgemeinbildenden Schulen. Hauptschule, Realschule, Gymnasium. Glückstadt: Glückstädter Werkstätten.
- MINISTERIUM FÜR BILDUNG; WISSENSCHAFT, FORSCHUNG UND KULTUR DES LANDES SCHLESWIG-HOLSTEIN (Hrsg.) (2002). Lehrplan Grundschule. Glückstadt: Glückstädter Werkstätten.
- MÜHL, HEINZ (2003). Einführung in die Schulpädagogik bei geistiger Behinderung. Oldenburg: Carl von Ossietzky Universität Oldenburg.
- MÜHL, HEINZ (2003). Merkmale und Schweregrad geistiger Behinderung. In: Wüllenweber, E./ Theunissen, G./ Mühl, H. (Hrsg). *Pädagogik bei geistigen Behinderungen. Ein Handbuch für Studium und Praxis.* (128 – 142). Stuttgart: Kohlhammer GmbH.
- SCHORB, BERND (2005). Medienerziehung. In: Hüther, J./ Schorb, B. *Grundbegriffe Medienpädagogik* (240 – 243). München: Kopäd Verlag
- SCHURAD, HEINZ/ SCHUMACHER, WERNER/ STABENAU, IRIS/ THAMM, JÜRGEN (2004). Curriculum Lesen und Schreiben für den Unterricht an Schüler für Geistig- und Körperbehinderte. Oberhausen: Athena-Verlag.
- SEKRETARIAT DER STÄNDIGEN KONFERENZ DER KULTUSMINISTER DER LÄNDER IN DER BUNDESREPUBLIK DEUTSCHLAND (1998). Empfehlungen zum Förderschwerpunkt geistige Entwicklung. Beschluss der Kultusministerkonferenz vom 26.06.1998.
- SEKRETARIAT DER STÄNDIGEN KONFERENZ DER KULTUSMINISTER DER LÄNDER IN DER BUNDESREPUBLIK DEUTSCHLAND (2002). Richtlinien für den Förderschwerpunkt geistige Entwicklung. Entwurf der Kultusministerkonferenz vom Februar 2002.

- SIX, ULRIKE/ GIMMLER, ROLAND/ VOGEL, INES (2000). Medienerziehung in der Familie. Hintergrundinformationen und Anregungen für medienpädagogische Elternarbeit. Unabhängige Landesanstalt für das Rundfunkwesen (ULR) Kiel. Kiel: Schmidt & Klaunig.
- SPECK, OTTO (2005). Menschen mit geistiger Behinderung. Ein Lehrbuch zur Erziehung und Bildung. München, Basel: Ernst Reinhardt Verlag.
- THEUNISSEN, GEORG (2005). Pädagogik bei geistiger Behinderung und Verhaltensauffälligkeiten. Ein Kompendium für die Praxis. Bad Heilbrunn: Julius Klinkhardt Verlag.
- TULLY, CLAUS J./ ZERLE, CLAUDIA (2006). Handys und jugendliche Alltagswelt. In: Anfang, G./ Demmler, K./ Ertelt, J./ Schmidt, U. (Hrsg.). *Handy. Eine Herausforderung für die Pädagogik.* (16 – 21). München: Kopäd-Verlag.
- TULODZIECKI, GERHARD (1992). Medienerziehung in Schule und Unterricht. Bad Heilbronn: Klinkhardt.
- TULODZIECKI, GERHARD/ SIX, ULRIKE (2000). Medienerziehung in der Grundschule. Grundlagen, empirische Befunde und Empfehlungen zur Situation in Schule und Lehrerbildung. Opladen: Leske u. Budrich.
- WEIGAND, VERENA (2006). Handy – Ein neuer Aufgabenbereich für den Jugendschutz. In: Anfang, G./ Demmler, K./ Ertelt, J./ Schmidt, U. (Hrsg.). *Handy. Eine Herausforderung für die Pädagogik.* (52 – 57). München: Kopäd-Verlag.
- WICHELHAUS, HEIKO (2006). Jugendliche und Handys aus Sicht des Verbraucherschutzes. In: Anfang, G./ Demmler, K./ Ertelt, J./ Schmidt, U. (Hrsg.). *Handy. Eine Herausforderung für die Pädagogik.* (61 – 65). München: Kopäd-Verlag.

8.2 Zeitschriften und Broschüren

- BECKER, ANNE-GRETE/ THIELE, TOBIAS (2006). Unterrichtsmaterial Mobilfunk. Handyführerschein für Einsteiger. Ab Klasse 5. Salzgitter: Bundesamt für Strahlenschutz.
- DÖRING, NICOLA (2005). Handy und SMS im Alltag. Ergebnisse einer Befragungsstudie. In: Medien + Erziehung. 49. Jahrgang. Nr.3. Juni 2005.

Handys im Jugendalltag. (29 – 34). München: Kopaed-Verlag, Institut für Medienpädagogik in Forschung und Praxis.

- FELDHAUS, MICHAEL/ LOGEMANN, NIELS (2006). Die Kommunikationsmedien Internet und Mobiltelefon und ihre Funktionen im familialen Alltag. In: Medien + Erziehung. 50. Jahrgang. Nr. 2. April 2006. *Medien und Familien – Familie in den Medien.* (30 – 37). München: Kopaed-Verlag, Institut für Medienpädagogik in Forschung und Praxis.

- INFORMATIONSZENTRUM MOBILFUNK (2004a). Schulprojekt Mobilfunk. Mensch und Mobilfunk. Unterrichtsmaterialien für die Fächer Sozialkunde, Arbeits- und Wirtschaftslehre, Klassen 5-8. Berlin: Informationszentrum Mobilfunk.

- INFORMATIONSZENTRUM MOBILFUNK (2004b). Schulprojekt Mobilfunk. Mensch, Medien, Umwelt. Fächerübergreifende Sachinformationen für projektorientiertes Lernen, Klassen 5-8. Berlin: Informationszentrum Mobilfunk.

- LUTZ, KLAUS (2003). Medienarbeit mit Behinderten. In: Medien + Erziehung. 47. Jahrgang. Nr. 3. Juni 2003. *Behinderte Menschen und Medien.* (148 – 151). München: Kopäd-Verlag, Institut für Medienpädagogik in Forschung und Praxis.

- OSTERMANN; SANDRA (2006). Fit fürs Handy. Der Handy Guide für Kids und Eltern. Deutsches Kinderhilfswerk. E-Plus Mobilfunk GmbH & Co. KG.

- SCHULPROJEKT MOBILFUNK (2004a). Mensch und Mobilfunk. Unterrichtsmaterialien für die Fächer Sozialkunde, Arbeits- und Wirtschaftslehre. Klassen 5 – 8. Berlin: Informationszentrum Mobilfunk e.V.

- SCHULPROJEKT MOBILFUNK (2004b. Mensch, Medien, Umwelt. Fächerübergreifende Sachinformationen für projektorientiertes Lernen Klassen 5 – 8. Berlin: Informationszentrum Mobilfunk e.V.

- SCHULPROJEKT MOBILFUNK (2004c). Text digital. Unterrichtsmaterialien für das Fach Deutsch. Klassen 5 – 8. Berlin: Informationszentrum Mobilfunk e.V.

- SCHULPROJEKT MOBILFUNK (2005). Mobilfunk und Technik. Fächerübergreifende Sachinformationen für projektorientiertes Lernen Klassen 5 – 10 sowie gymnasiale Oberstufe. Berlin: Informationszentrum Mobilfunk e.V.

8.3 Internetseiten

- BUNDESMINISTERIUM FÜR FAMILIE, SENIOREN, FRAUEN UND JUGEND (2007): Wirtschaftskraft-alter.de. Marktplatz für alle Generationen. Online im Internet: URL:www.wirtschaftskraft-alter.de/technik-mobilitaet/telefon /artikel/das-senioren-handy-wenn-weniger-mehr-ist/ (Stand: 21.08.07).
- BUNDESNETZAGENTUR FÜR ELEKTRIZITÄT, GAS, TELEKOMMUNI-KATION, POST UND EISENBAHNEN (2007). Jahresbericht der Bundesnetzagentur 2006. Online im Internet: URL: www.bundesnetzagentur.de/media/archive/9009.pdf. (Stand: 16.08.07).
- HEISE ONLINE (2003): Das Handy hört zu und spricht. Online im Internet: URL:www.heise.de/mobil/newsticker/meldung/35304/ (Stand: 28.08.07).
- KIDS VERBRAUCHER ANALYSE (2006). Markt-/ Mediauntersuchung zur Zielgruppe 6 bis 13 Jahre. Egmont/ Ehapa-Verlag. Online im Internet: URL: www.ehapamedia.de/pdf_download/KVA06_Praesentation.pdf (Stand: 16.08.07).
- MICHAELIS-MEIER, INGRID (2005). Schulische Konzeptionen. Eduard-Spanger-Schule. Online im Internet: URL: www.eduss.de/konzeptionen.html (Stand: 04.09.07).
- RATGEBER ARD (2007). Ratgeber ARD.de. Online im Internet: URL: www.ard.de/ratgeber/multimedia/telefon-handy/funktionale-handys/-/id=274508/nid=274508/did=372840/13wuxed/index.html. (Stand: 21.08.07).
- RHEINISCHE POST (2007). RP Online. Handys aus der Frühzeit des Mobilfunks. Online im Internet: URL: www.rp-online.de/public/bilders howinline/aktuelles/digitale/handygeburtstag/25091. (Stand: 17.08.07)
- SCHNEIDER, ROLF (2007). Das Handy im Wandel der Zeit. Online im Internet: URL: www.softensive.de/show.php?cat=9&art=7777733. (Stand: 17.08.07).
- SCHULPROGRAMM SCHULE AM MARKT (2007). Schulprogramm der Schule am Markt Süderbrarup. Schule für Geistigbehinderte. Schulträger: Kreis Schleswig-Flensburg. Online im Internet: URL: http://schule-am-markt.lernnetz.de/schulprogramm.html. (Stand 20.09.07).
- TCHIBO (2007). I-Kids Handy inkl. SIM-Karte Komfort-Tarif. Online im Internet: URL: www.tchibo.de/is-bin/INTERSHOP.enfinity/eCS/Store/de/-

/EUR/TdTchDisplayProductInformation-Start?ProductSKU=0012168# (Stand:
22.08.07).

- TELTARIF (2007). Teltarif.de. Größtes deutschsprachiges Telekommuni-
kations-Magazin. Online im Internet: URL: www.teltarif.de/arch/2007/kw26
s26386.html?page=4 (Stand: 21.08.07).

- UK-FORUM.DE (2007). Unterstützte Kommunikation. Online im Internet: URL:
www.uk-forum.de/index.php?name=News&file=article&sid=4   (Stand:
20.10.07).

- WIKIPEDIA (2007a). Wikipedia. Die freie Enzyklopädie. Online im Internet:
URL: http://de.wikipedia.org/wiki/Mobiltelefon (Stand: 16.08.07).

- WIKIPEDIA (2007b). Wikipedia. Die freie Enzyklopädie. Online im Internet:
URL: http://de.wikipedia.org/wiki/Telefonoperator (Stand: 16.08.07).

- WIKIPEDIA (2007c). Wikipedia. Die freie Enzyklopädie. Online im Internet:
URL: http://de.wikipedia.org/wiki/GSM-Ortung (Stand: 21.08.07).

- WIKIPEDIA (2007d). Wikipedia. Die freie Enzyklopädie. Online im Internet:
URL: http://de.wikipedia.org/wiki/Chat (Stand: 20.10.07).

- WIKIPEDIA (2007e). Wikipedia. Die freie Enzyklopädie. Online im Internet:
URL: http://de.wikipedia.org/wiki/MP3-Player (Stand: 20.10.07).

- WINTER, MARCEL (2007). Die Entstehung der Mobilfunktelefone. Online im
Internet: URL: http://www.softensive.de/show.php?cat=9&art=286. (Stand:
17.08.07).

9. Abbildungs- und Tabellenverzeichnis

9.1 Abbildungsverzeichnis

9.2 Tabellenverzeichnis

10. Glossar

Begriff	Erläuterung
SMS	Abkürzung für ‚Short Message Service'. Übersetzt: Kurznachrichten-Service (vgl. OSTERMANN 2006, 8).
MMS	Abkürzung für ‚Multimedia Messaging Service'. Übersetzt: Multimedia-Nachrichten Service (vgl. OSTERMANN 2006, 11).
Prepaid-Karte	Übersetzt: im Voraus bezahlt. Karte mit Guthaben, das abtelefoniert werden kann (vgl. OSTERMANN 2006, 3).
Chat	Übersetzt: plaudern, unterhalten. Elektronische Kommunikation zwischen Personen in Echtzeit, meist über das Internet (vgl. WIKIPEDIA 2007d).
MP3-Player	Ein Gerät, das digital gespeicherte Musikdateien abspielt (vgl. WIKIPEDIA 2007e).
Bluetooth-Schnittstelle	Funktechnologie, mit der man Daten von einem Handy auf ein anderes oder einen Computer ohne Kabel überspielen kann (OSTERMANN 2006, 9).

11. Anhang

11.1 Elterninformationsbrief mit Bitte um das Einverständnis

Flensburg, 10.09.2007

Liebe Eltern,

mein Name ist Astrid Pankonin, ich studiere im 9.Semester auf Sonderschullehramt und schreibe gerade meine Examensarbeit zu dem Thema „Nutzen und Gefahren von Handys für Schülerinnen und Schüler mit dem Förderschwerpunkt geistige Entwicklung". Diesbezüglich möchte ich in der Schule am Markt in Süderbrarup in den Mittelstufen-, Oberstufen- und Werkstufenklassen eine Untersuchung durchführen. Ich möchte im Klassenverband eine Umfrage zum Thema Handy machen und vereinzelte Schüler in einem kurzen Interview einzeln befragen. Diese Umfrage sowie das Einzelinterview werde ich mit einem Tonband aufnehmen, so dass ich die Daten für meine Auswertung zur Verfügung habe. Die Daten werden selbstverständlich nur für die Auswertung verwendet und danach sofort gelöscht. Mit diesem Elternbrief möchte ich Sie über mein Vorhaben informieren und ihr Einverständnis einholen bezüglich des Einzelinterviews, das ich ggf. mit Ihrem Kind durchführe, und der Tonbandaufzeichnung während der Umfrage und des Interviews. Weiterhin möchte ich Sie informieren, dass ich Ihrem Kind am Tag der Umfrage und des Interviews einen Elternfragebogen zum Thema Handy mitgeben werde. Diesbezüglich werden Sie aber noch genauer informiert.

Es wäre schön, wenn Sie den unteren Abschnitt bis Donnerstag, 13.09.2007 Ihrem Kind unterschrieben wieder mit in die Schule geben könnten. Vielen Dank für Ihre Mitarbeit!

Mit freundlichen Grüßen

Astrid Pankonin

✂--

Hiermit erkläre ich mich einverstanden, dass mein Kind an der Umfrage sowie an einem Einzelinterview teilnehmen darf und dass die Daten für die Auswertung mit einem Tonband aufgezeichnet werden dürfen.

_____   _____

(Ort und Datum)   (Unterschrift des Erziehungsberechtigten)

11.2 Umfrage im Klassenverband

Umfrage im Klassenverband

Klasse: _____

Anzahl Schüler: _____
Männlich: _____
Weiblich: _____

Anzahl Handybesitzer: _____
Männlich: _____
Weiblich: _____

Anzahl Handywünscher: _____
Männlich: _____
Weiblich: _____

Gründe für ein Handy:

_____

_____

_____

_____

_____

Gründe gegen ein Handy: _____

_____

_____

_____

_____

11.3 Fragebogen für das Schüler-Interview

Fragebogen für das Schüler-Interview zum Thema Handynutzung von Schülerinnen und Schülern mit dem Förderschwerpunkt Geistige Entwicklung

1. Welche Erfahrungen hast Du mit Handys gemacht?
   - ☐ Positive: _____
   - ☐ Negative: _____
   - ☐ Keine

2. Woher hast Du Dein Handy?
   - ☐ Hab ich selbst gekauft   ☐ Von meinen Eltern
   - ☐ Von Freunden   ☐ _____

3. Wie wichtig ist Dir Dein Handy?
   - ☐ Sehr wichtig   ☐ Wichtig
   - ☐ Nicht so wichtig   ☐ Ist mir egal

4. Was machst Du am meisten mit Deinem Handy?
   - ☐ Telefonieren   ☐ SMS schreiben
   - ☐ Spiele spielen   ☐ Musik hören
   - ☐ Fotos   ☐ Sonstiges (Klingeltöne, Logos runterladen…)
   - ☐ _____

5. Was kannst du mit dem Handy besonders gut?
   - ☐ Telefonieren
   - ☐ SMS schreiben und verschicken
   - ☐ Fotos machen
   - ☐ Daten verschicken (wie z.B. Fotos, Logos, Klingeltöne)
   - ☐ Daten runterladen (wie z.B. Logos, Klingeltöne…)
   - ☐ Einstellungen ändern (wie z.B. Uhrzeit, Logo,…)
   - ☐ _____

6. Was ist schwierig im Umgang mit dem Handy? Was möchtest du noch üben?
   - ☐ Telefonieren
   - ☐ SMS schreiben und verschicken
   - ☐ Fotos machen
   - ☐ Daten verschicken (wie z.B. Fotos, Logos, Klingeltöne)
   - ☐ Daten runterladen (wie z.B. Logos, Klingeltöne…)
   - ☐ Einstellungen ändern (wie z.B. Uhrzeit, Logo,…)
   - ☐ _____

7. Wie würdest du das Thema Handy als Unterrichtsthema in der Schule finden?
   - ☐ Sehr gut   ☐ Ganz gut
   - ☐ Eher doof   ☐ Ganz doof

8. Wie würdest du einen Trainingskurs in der Schule finden (für die Schüler, die noch Schwierigkeiten mit dem Handy haben)?

☐ Sehr gut   ☐ Ganz gut

☐ Eher doof   ☐ Ganz doof

9. Welche Vorteile hat das Handy für Dich?

☐ Ich bin immer erreichbar   ☐ Ich kann immer jemanden anrufen

☐ Ich kann SMS schreiben   ☐ Ich fühle mich sicherer

☐ Ich bin cooler   ☐ _____

10. Welche Nachteile kann das Handy haben?

☐ Ich kann süchtig werden

☐ Ich kann Schulden machen

☐ Ich kann ständig kontrolliert werden

☐ Es sendet Strahlungen ab

☐ _____

11. Was für ein Handy hast du?

☐ _____

12. Gibt es manchmal Schwierigkeiten damit (wie z.B. mit der Größe der Tastatur oder des Displays, Menüführung, Tastenbelegungen, Tastensperre usw.)?

☐ Ja: _____

☐ Nein

13. Wie würdest du es finden, wenn es ein spezielles Handy für Menschen geben würde, die Schwierigkeiten im Umgang mit Handys (mit den Tasten, Menü usw.) haben?

☐ Sehr gut   ☐ Ganz gut

☐ Eher doof   ☐ Unsinnig

14. Wenn du ein Wunschhandy entwickeln könntest, welche Eigenschaften sollte es haben (wie z.B. größere oder kleinere Tasten, größeres oder kleineres Display, Bilder, Logos, Menüführung einfacher oder komplexer, mehr oder weniger technische Details, Kamera usw.)?

☐ _____

☐ _____

☐ _____

☐ _____

☐ _____

☐ _____

11.4 Begleitbrief für den Elternfragebogen

Flensburg, 18.09.2007

Liebe Eltern,

im Rahmen meiner Examensarbeit mit dem Thema „Nutzen und Gefahren von Handys für Schülerinnen und Schüler mit dem Förderschwerpunkt geistige Entwicklung" führe ich in dieser Woche die bereits angekündigten Umfragen und Interviews zu diesem Thema in den Mittelstufen-, Oberstufen- und Werkstufenklassen durch. Zusätzlich möchte ich Sie bitten, den beiliegenden Elternfragebogen zu diesem Thema auszufüllen und ihn bitte schnellstmöglich und spätestens bis Montag, 24.09.2007 Ihrem Kind wieder mit in die Schule zu geben. Ihre Daten werden selbstverständlich vertraulich behandelt, es werden keine Namen genannt und die Bögen werden ausschließlich für die Auswertung verwendet.
Vielen Dank für Ihre Mitarbeit!

Viele Grüße,

Astrid Pankonin

11.5 Eltern-Fragebogen

Elternfragebogen zum Thema <u>Handynutzung</u> von Schülern und Schülerinnen mit dem Förderschwerpunkt Geistige Entwicklung

1. Welche Erfahrungen haben Sie mit Ihrem Kind bezüglich Handys gemacht?
   - ☐ Positive: _____
   - ☐ Negative: _____
   - ☐ Keine

2. Welche Vorteile sehen Sie bezüglich eines Handys für Ihr Kind? (Mehrfachnennungen möglich)
   - ☐ Ich kann mein Kind immer erreichen
   - ☐ Mein Kind ist unabhängiger
   - ☐ Mein Kind kann immer jemanden anrufen
   - ☐ Wir fühlen uns beide sicherer
   - ☐ Das Verantwortungsbewusstsein wird gefördert
   - ☐ _____

3. Welche Nachteile sehen Sie bezüglich eines Handys für Ihr Kind? (Mehrfachnennungen möglich)
   - ☐ Es könnten hohe Kosten bzw. Schulden entstehen
   - ☐ Mein Kind könnte süchtig werden (z.b. Telefoniersucht, SMS-Sucht)
   - ☐ Mein Kind ist Strahlungen ausgesetzt
   - ☐ Mein Kind könnte einem Gruppenzwang ausgesetzt sein
   - ☐ Mein Kind könnte sich kontrolliert fühlen
   - ☐ Mein Kind könnte mit nicht altersgerechten, jugendgefährdenden Inhalten konfrontiert werden
   - ☐ _____

4. Was glauben Sie warum Kinder und Jugendliche ein Handy haben wollen?
   - ☐ Ständige Erreichbarkeit   ☐ Notfall
   - ☐ Weil alle eins haben   ☐ Weil es cool ist
   - ☐ Weil es ohne Handy nicht geht   ☐ _____

5. Wie würden Sie den Einsatz eines Handys als Unterrichtsthema in der Schule beurteilen?
   - ☐ Sehr sinnvoll   ☐ Sinnvoll   ☐ Weniger sinnvoll   ☐ Unsinnig

6. Wofür nutzt Ihr Kind das Handy am meisten?
   - ☐ Telefonieren   ☐ SMS schreiben
   - ☐ Spiele spielen   ☐ Musik hören
   - ☐ Fotos   ☐ Sonstige (Klingeltöne, Logos runterladen
   - ☐ _____

7. Was kann Ihr Kind mit dem Handy besonders gut?

☐ Telefonieren

☐ SMS schreiben und verschicken

☐ Fotos machen

☐ Daten verschicken (wie z.b. Fotos, Logos, Klingeltöne)

☐ Daten runterladen (wie z.b. Logos, Klingeltöne…)

☐ Einstellungen ändern (wie z.b. Uhrzeit, Logo,…)

☐ _____

8. Wo hat Ihr Kind im Umgang mit dem Handy noch Schwierigkeiten? Was muss es noch üben?

☐ Telefonieren

☐ SMS schreiben und verschicken

☐ Fotos machen

☐ Daten verschicken (wie z.b. Fotos, Logos, Klingeltöne)

☐ Daten runterladen (wie z.b. Logos, Klingeltöne…)

☐ Einstellungen ändern (wie z.b. Uhrzeit, Logo,…)

☐ _____

9. Wie wichtig ist es Ihnen, dass Ihr Kind ein Handy hat?

☐ Sehr wichtig   ☐ Wichtig   ☐ Weniger wichtig   ☐ Ist mir egal

10. Wie beurteilen Sie folgende Kriterien für ein spezielles Handy für Menschen mit geistiger Behinderung?

1= Sehr sinnvoll   2= Sinnvoll   3= Weniger sinnvoll   4= Unsinnig

	1	2	3	4
- Große Tasten, großes Display	☐ 1	☐ 2	☐ 3	☐ 4
- Vereinfachte Menüführung	☐ 1	☐ 2	☐ 3	☐ 4
- Getrennte Ziffern- und Buchstabentasten	☐ 1	☐ 2	☐ 3	☐ 4
- Buchstaben- und Kurzwahltasten mit Bildhinterlegung (wie z.B. A wie Affe, B wie Banane, Fotos der eingespeicherten Personen…)	☐ 1	☐ 2	☐ 3	☐ 4
- Eingeschränkte Funktionen (wie z.B. Rufnummernsperre von 0180-Nummern)	☐ 1	☐ 2	☐ 3	☐ 4
- Symbolische Darstellung der Menüfunktionen (wie z.B. Boardmaker- oder selbst entworfene Symbole)	☐ 1	☐ 2	☐ 3	☐ 4
- SMS-Funktion mit Symbolen (SMS in Bildern verschicken)	☐ 1	☐ 2	☐ 3	☐ 4

11.6 Lehrer-Fragebogen

Lehrerfragebogen zum Thema Handynutzung von Schülerinnen und Schülern mit dem Förderschwerpunkt Geistige Entwicklung

1. Welche Erfahrungen haben Sie mit den Schülern bezüglich Handys gemacht?
   ☐ Positive: _____
   ☐ Negative: _____
   ☐ Keine

2. Welche Vorteile sehen Sie bezüglich Handys für die Schüler? (Mehrfachnennungen möglich)
   ☐ Sie sind immer erreichbar   ☐ Sie können immer jemanden anrufen
   ☐ Sie sind unabhängiger   ☐ Sie und die Eltern fühlen sich sicherer
   ☐ Ihr Verantwortungsbewusstsein wird   ☐ _____
       gefördert

3. Welche Nachteile sehen Sie bezüglich Handys für die Schüler? (Mehrfachnennungen möglich)
   ☐ Es könnten hohe Kosten bzw. Schulden entstehen
   ☐ Die Schüler könnten süchtig werden (z.B. Telefoniersucht, SMS-Sucht)
   ☐ Die Schüler könnten Strahlungen ausgesetzt sein
   ☐ Die Schüler könnten in einen Gruppenzwang geraten
   ☐ Die Schüler könnten sich kontrolliert fühlen (z.B. durch die Eltern)
   ☐ Die Schüler könnten mit nicht altersgerechten, jugendgefährdenden Inhalten konfrontiert werden
   ☐ _____

4. Was glauben Sie warum Kinder und Jugendliche ein Handy haben wollen?
   ☐ Ständige Erreichbarkeit   ☐ Notfall
   ☐ Weil alle eins haben   ☐ Weil es cool ist
   ☐ Weil es ohne Handy nicht geht   ☐ _____

5. Wie würden Sie eine Unterrichtseinheit zum Thema Handy beurteilen?
   ☐ Sehr sinnvoll   ☐ Sinnvoll   ☐ Weniger sinnvoll   ☐ Unsinnig

6. Wie würden Sie einen Trainingskurs in der Schule zum Thema Handy beurteilen?
   ☐ Sehr sinnvoll   ☐ Sinnvoll   ☐ Weniger sinnvoll   ☐ Unsinnig

7. Was glauben Sie wofür Kinder und Jugendliche mit geistiger Behinderung das Handy am meisten nutzen?
   ☐ Telefonieren   ☐ SMS schreiben
   ☐ Spiele spielen   ☐ Musik hören
   ☐ Fotos   ☐ Sonstige (Klingeltöne, Logos runterladen)
   ☐ _____

8. Was glauben Sie können Schülerinnen und Schüler mit dem Förderschwerpunkt Geistige Entwicklung im Umgang mit dem Handy besonders gut?

☐ Telefonieren

☐ SMS schreiben und verschicken

☐ Fotos machen

☐ Daten verschicken (wie z.b. Fotos, Logos, Klingeltöne)

☐ Daten runterladen (wie z.b. Logos, Klingeltöne...)

☐ Einstellungen ändern (wie z.b. Uhrzeit, Logo,...)

☐ _____

9. Was glauben Sie ist für Schülerinnen und Schüler mit dem Förderschwerpunkt Geistige Entwicklung im Umgang mit Handys besonders schwierig?

☐ Telefonieren

☐ SMS schreiben und verschicken

☐ Fotos machen

☐ Daten verschicken (wie z.b. Fotos, Logos, Klingeltöne)

☐ Daten runterladen (wie z.b. Logos, Klingeltöne..)

☐ Einstellungen ändern (wie z.b. Uhrzeit, Logo,...)

☐ _____

10. Wie würden Sie die folgenden Kriterien für ein spezielles Handy für Menschen mit geistiger Behinderung beurteilen?

1= Sehr sinnvoll   2= Sinnvoll   3= Weniger sinnvoll   4= Unsinnig

	1	2	3	4
- Große Tasten, großes Display	☐ 1	☐ 2	☐ 3	☐ 4
- Vereinfachte Menüführung	☐ 1	☐ 2	☐ 3	☐ 4
- Getrennte Ziffern- und Buchstabentasten	☐ 1	☐ 2	☐ 3	☐ 4
- Buchstaben- und Kurzwahltasten mit Bildhinterlegung (wie z.b. A wie Affe, B wie Banane, Fotos der eingespeicherten Personen...)	☐ 1	☐ 2	☐ 3	☐ 4
- Eingeschränkte Funktionen (wie z.b. Rufnummernsperre von 0180-Nummern)	☐ 1	☐ 2	☐ 3	☐ 4
- Symbolische Darstellung der Menüfunktionen (wie z.b. Boardmaker- oder selbst entworfene Symbole)	☐ 1	☐ 2	☐ 3	☐ 4
- SMS-Funktion mit Symbolen (SMS in Bildern verschicken)	☐ 1	☐ 2	☐ 3	☐ 4